오래 살기를 원하면 잘 살아라.
어리석음과 사악함이 수명을 줄인다.
벤자민 프랭클린

당신이 할 수 있다고 믿든,
할 수 없다고 믿든, 믿는 대로 될 것이다.
헨리 포드

인생의 물음표가 느낌표가 되는,

아름다운 인생길을 걸어갈

_____ 님께

이 책을 드립니다.

FROM _____

못 가진 것에 대한 욕망으로 가진 것을 망치지 말라.
그리고 지금 가진 것이 한때는 바라기만 했던 것 중
하나였다는 것도 기억하라.
에피쿠로스

인생의 답은
내 안에 있다

인생의 답은
내 안에 있다

펴낸날 2021년 11월 30일 1판 1쇄
2021년 12월 20일 1판 2쇄

지은이_김이섭
펴낸이_김영선
책임교정_이교숙
교정교열_정아영, 남은영, 이라야
경영지원_최은정
디자인_바이텍스트
마케팅_신용천

펴낸곳 (주)다빈치하우스-미디어숲
주소 경기도 고양시 일산서구 고양대로632번길 60, 207호
전화 (02) 323-7234
팩스 (02) 323-0253
홈페이지 www.mfbook.co.kr
이메일 dhhard@naver.com (원고투고)
출판등록번호 제 2-2767호

값 15,800원
ISBN 979-11-5874-132-7 (03190)

길 잃은 사람들을 위한
인생 인문학

인생의 답은
내 안에 있다

김이섭 지음

미디어숲

누구에게나
자신만의 답이 있다

누구나 살아가면서 가끔은 자신을 돌아보고 인생에 대해 이런 저런 질문을 던지게 됩니다. 하지만 이 세상에는 질문만 무성할 뿐 어디서도 정답은 주어지지 않습니다.

그런데 알고 있나요? 인생의 답은 하나가 아닙니다. 여러 개 가운데 하나를 고르는 다지선다형도 아닙니다. 인생은 스스로 질문을 던지고 답을 찾아가는 과정입니다. 누구에게나 자신만의 답이 있습니다. 정해진 답이 아니라 내가 찾아내는 답, 그게 바로 내 인생의 답입니다.

모든 건 보는 시각과 관점에 따라 달라지기 마련입니다. 그래서 다른 사람들이 정답이라고 생각하는 그 답이 정답이 아닐 수도 있습니다. 틀림이 아닌 다름을 인정한다면, 모든 답이 '정답 아닌 정답'이 될 수 있는 겁니다.

"적은 밖에 있는 것이 아니라 내 안에 있다. 나는 내게 거추장 스러운 것은 모두 없애 버렸다. 나를 극복하는 순간, 나는 칭기 즈칸이 되었다."

한때 세계를 호령한 몽골제국의 황제 칭기즈칸이나 '진리는 밖에 있는 것이 아니라 내 안에 있다'라고 한 신라의 원효 승려 처럼 모든 건 내 안에 있습니다. 적도 진리도 모두 내 안에 있습 니다. 아직 내가 그걸 깨닫지 못하고 있는 것뿐입니다.

배가 부른데도 사냥하는 동물은 인간밖에 없다고 합니다. 인 간은 이미 다 가지고 있는데도 더 많은 걸 움켜쥐려고 합니다.

꽃은 움켜쥐면 이내 시들어버립니다. 모래를 움켜쥐면 손가락 사이로 흘러내립니다. 그리고 달군 쇠를 움켜쥐면 손에 화상을 입게 됩니다. 어쩌면 우리는 무엇이 중요한지도 모르면서 무조 건 움켜쥐려고 하는지도 모릅니다. 아니, 스스로 자기 자신을 움켜쥐고 있는지도 모르겠습니다.

긍정의 힘을 믿으시나요? 긍정의 힘을 믿으면, '고질병'도 '고칠 병'이 되고 '빌어먹을 놈'도 '벌어먹을 놈'이 될 수 있습니다. '어쩔 수 없는 일'이라고 생각하면 포기하게 되지만, '어쩔 수 있는 일'이라고 생각하면 다시금 도전할 수 있습니다.

손에 망치를 들면 모든 게 못으로 보인다고 합니다. 손에 꽃을 들면 어떨까요? 모든 게 나비로 보일지도 모릅니다. 아름다운 눈보다 아름답게 보는 눈이 더 아름답고, 아름다운 입보다 아름답게 말하는 입이 더 아름다운 법입니다.

"인간은 다른 인간에게 늑대다Homo homini lupus est."

영국의 철학자 토머스 홉스가 집필한 『시민론』의 서두에 나오는 대목입니다. 이 대목이 '인간은 다른 인간에게 신神이다Homo homini deus est'로 바뀔 수만 있다면 얼마나 좋을까요. 그러면 우리가 사는 세상은 갑과 을이 사는 세상이 아니라 아름다운 사람들이 사는 세상이 될 겁니다.

 내가 가는 길이 바로 내 인생길입니다. 어느 길로 들어서더라
도 그 길은 내가 가야 할 길이기 때문입니다. 내 인생에 대한 물
음표가 느낌표가 되는, 그 아름다운 인생길을 여러분과 함께하
고 싶습니다.

김이섭

1장 | 인생 유감有感

5장 | 삶에 던지는 아홉 가지 질문

6장 | 인생 방정식의 답을 찾다

9장 | 삶에 품격을 더하는 라틴어 수업

인생
유감有感

_____ 1장

인간의 두 얼굴

영국의 언론인 폴 존슨은 『지식인의 두 얼굴』에서 지식인의 이중성을 파헤쳤다.

'자녀교육'의 중요성을 역설한 장 자크 루소는 자기 자식들을 보육원에 맡겼고, 노동의 신성함을 주장한 카를 마르크스는 45년 동안이나 자신의 집에서 일하는 가정부를 무임금으로 착취했다. 작가 어니스트 헤밍웨이는 사실과 진실에 기초한 문학을 표방하면서도 병적일 정도로 거짓말을 일삼았다. '실존주의는 휴머니즘'이라고 설파한 장 폴 사르트르는 여성을 남성보다 떨어지는 존재로 인식했다. 러시아의 문호 레프 톨스토이는 여성과의 교제를 죄악시하면서도 수시로 사창가를 드나들었다.

스탠퍼드대학교 후버센터의 피터 슈바이처 연구원은 저서 『내 말을 따르라』에서 미국 좌파 지식인의 대부라고 불리는 노엄 촘스키를 비판했다. 촘스키가 자본주의를 '거대한 재앙'이라고 비난하면서 강연료와 인세 수입으로 호화주택과 별장을 소유하고, 국방부를 '미국의 암'이라고 비난하면서도 국방부에서 연구비를 받아 사용했다는 것이다.

일본어에는 '혼네(本音, ほんね)'와 '다테마에(建前, たてまえ)'라는 단어가 있다. '혼네'는 본심, 속마음이다. '다테마에'는 겉으로 드러내는 마음의 표현이다. 달리 말하면, 사회적인 규범에 맞게 조율된 마음이다. 봉건적인 집단에서 살아남기 위한 처세술에서 비롯되었다고 할 수 있다. 미국의 인류학자 루스 베네딕트는 『국화와 칼』에서 일본인의 이중성을 간파했는데 한마디로 '탐미적이면서 폭력적'이라는 것이다. 평화를 상징하는 국화를 사랑하면서도 전쟁을 상징하는 칼을 숭배하는 이중성이다. 화사하게 피어 있는 국화꽃 속에 서슬 퍼런 일본도가 숨겨 있다는 말이다.

사자성어 가운데도 인간의 이중성을 나타내는 단어가 적지 않다. 표리부동表裏不同은 겉으로 드러나는 것과 속에 품고 있는 게 다르다는 뜻이다. 양두구육羊頭狗肉은 양의 머리를 걸어 놓고 개고기를 판다는 뜻이다. 겉으로 보기에는 그럴듯하지만, 속은 변변하지 않은 경우를 말한다. 구밀복검口蜜腹劍은 입에는 꿀이 있고 배 속에는 칼이 있다는 뜻이다. 겉으로는 친한 척하면서도 속으로는 음해하려는 마음을 가진 사람에게 해당되는 말이다. 소리장도笑裏藏刀는 웃는 마음속에 칼이 있다는 뜻으로 겉으로는 웃고 있지만, 마음속에는 해칠 마음을 품고 있다는 것이다.

어쩌면 누구나 두 얼굴을 지니고 있는지도 모른다. 그리고 자신이 보여 주고 싶은 얼굴을 진짜 얼굴이라고 믿고 있는 건지도 모른다.

문제의 본질은 인간이다

모든 인간은 남에게 인정받고 싶어 하는 본능적인 욕구가 있다. 미국의 정치·경제학자인 프랜시스 후쿠야마는 저서 『역사의 종말』에서 두 가지 동기로 인류가 발전해 왔다고 말한다. 하나는 풍요로운 삶을 지향하는 '물질적 동기'이고, 다른 하나는 남에게 인정받고 싶은 '인정 동기'이다.

인정 욕구는 먼저 대등 욕구에서 시작한다. 대등 욕구는 남과 대등하기를 바라는 욕구다. 이 욕구가 충족되면, 우월 욕구로 바뀐다. 여기서 문제가 발생한다. 타인과의 관계가 수평적인 관계에서 수직적인 관계로 바뀌기 때문이다. 우월 욕구는 자신을 과시하고 싶어 하는 욕구, 즉 과시 욕구와 타인을 지배하고 싶어 하는 욕구인 지배 욕구가 대표적이다.

독일의 철학자 헤겔은 인류의 역사를 '인정받기 위한 투쟁의 역사'라고 했다. '인정 투쟁'의 궁극적인 목적은 자유롭고 동등한 인격체로 인정받는 것이다. 하지만 지금까지 인간은 자신의 욕구를 충족하기 위해 서로 대립하고 충돌해 왔다. 그래서 헤겔은 '상호 인정'이라는 해결책을 내놓았다.

내가 인정받으려면, 남을 먼저 인정해야 한다. 민주주의도 모든 국민이 서로서로 인정하는 전제에서 시작된다. 내가 자유로운 만큼 타인도 자유롭고, 내가 존엄한 만큼 타인도 존엄하다. 그래서 인정 욕구는 우월 욕구가 아닌 대등 욕구여야 한다.

『명심보감』에는 '물이귀기이천인勿以貴己而賤人'이라는 구절이 있다. '내 몸이 귀하다고 남을 천하게 여기지 말라'는 뜻이다. 이제라도 자신을 귀하게 여기듯 남을 귀하게 여김으로써 또한 자신도 귀하게 여겨질 수 있다는 진리를 깨달을 수만 있다면 얼마나 좋을까.

내게 주어진 시간이 내 인생이다

독일 작가 미하엘 엔데가 쓴 『모모』라는 동화가 있다. '시간을 훔치는 도둑과 그 도둑이 훔쳐 간 시간을 찾아 주는 한 소녀에 대한 이상한 이야기'라는 부제를 달고 있다. 말라깽이 소녀 모모와 마을 사람들에게서 시간을 빼앗아가는 회색 일당의 대립을 그린 작품이다.

싱어송라이터 짐 크로스는 "만약 내가 시간을 병 속에 모아둘 수만 있다면, 내가 가장 먼저 하고 싶은 일은 영원히 다 할 때까지 하루하루를 모으는 거야. 오롯이 당신과 함께 시간을 보내기 위해서 말야."라고 노래한다. 시간을 병 속에 보관할 수는 없다. 하지만 은행에 저축할 수는 있다. 미국의 에드거 칸 교수가 창안한 '타임뱅크(시간은행)'에서는 자신이 봉사한 시간을 모아두고 필요할 때 꺼내 쓸 수 있다. 여기서는 시간과 노동의 가치를 차별하지 않는다. 의사가 환자를 돌보거나 보모가 아이를 돌보거나 시간 화폐는 모두 같은 가치를 지닌다.

진 웹스터의 서간체 소설 『키다리 아저씨』에서 주인공 주디는 이렇게 말한다.

"아저씨! 저는 행복의 비밀을 알아냈어요. 그건 과거를 후회하거나 미래를 걱정하며 시간을 낭비하지 않고, 지금 이 시간을 최대한 즐겁게 사는 거예요."

우리에게 주어진 시간은 각기 다르다. 그리고 내게 주어진 시간이 바로 내 인생이다. 벤자민처럼 거꾸로 된 인생을 살 수도 있다. 하지만 그 나름대로의 가치는 다를 바가 없다.

시간은 꽁꽁 동여매는 게 아니라 마음껏 활짝 펼치는 것이다. 후회 없는 내 인생을 위해서 말이다.

선과 악의 평범성

　　　　　정치철학자 한나 아렌트는 유대인 혈통으로 독일에서 태어났다. 그녀는 나치가 정권을 장악하자 프랑스로 피신했다가 미국으로 건너갔다. 그녀는 저서 『예루살렘의 아이히만』에서 예루살렘에서 진행된 나치 전범 아돌프 아이히만에 대한 공개 재판 과정을 기록하고 자신의 소회를 덧붙였다.

　여기서 그녀는 '악의 평범성Banality of evil'에 대해 이야기한다. 아이히만은 유럽 전역에서 유대인의 수용소 이송과 학살을 진두지휘한 나치 친위대 장교였다. 법정에서 자신은 유대인에 대한 악감정이 없었다고 진술한다. 군 최고통수권자의 명령에 복종하는 것이 군인의 의무이며, 자신은 주어진 직무에 충실했을 뿐이라는 것이다. 그에게는 명령 불복종이 가장 큰 죄악이었다.

　한나 아렌트는 아이히만을 친절하고 선량한 인간으로 평가했다. 그래서 그녀가 내린 결론은 '악의 평범성'이다. 그의 반인륜적인 행위가 타고난 악마적 기질 때문이 아니라, 선악을 가리지 못하는 '사고력의 결핍' 때문이라는 것이다.

　이와는 정반대로 에바 포겔만이라는 학자는 저서 『양심과 용기

Conscience and Courage』에서 '선의 평범성'을 이야기한다. 독일에서 태어나 미국으로 이주한 그녀는 나치의 탄압으로 위험에 처한 유대인 이웃에게 도움의 손길을 내민 사람들을 연구했다. 그들은 모두 영웅 심리에 사로잡힌 사람도, 희생정신이 투철한 사람도 아니었다. 그저 평범한 '보통사람'이었다. 그들은 곤경에 처한 이웃을 외면하지 않았다. 그들은 말한다.

"그 상황에서는 그렇게 할 수밖에 없었다.", "누구든 그 자리에 있었다면 똑같이 행동했을 것이다."

이것이 보통사람들의 '위대한 평범함', '선의 평범성'이다.

어쩌면 선이나 악, 모두 평범한 건지도 모른다. 그래서 때로는 더 '위대한 선'이 되기도 하고, 때로는 더 '위험한 악'이 되는 건 아닐까.

모든 것은 사소한 데서 시작된다

1980년대까지만 해도 뉴욕시는 세계에서 손꼽히는 범죄 도시였다. 연간 60만 건 이상의 중범죄가 발생했다. 그런데 1995

년 뉴욕시장에 취임한 루디 줄리아니는 새로운 정책을 시도한다. 건물 벽이나 지하철 차량에 그려진 낙서를 지우기 시작한 것이다. 길거리를 청소하고 도시환경을 개선해 나갔다. 한마디로 발상의 전환이었다. 그 결과는 실로 놀라웠다. 뉴욕시가 완전히 새롭게 변모한 것이다. 도시가 깨끗해졌을 뿐 아니라 범죄율도 낮아졌다.

'깨진 유리창의 법칙Broken windows theory'이 있다. 방치된 작은 문제가 더 큰 문제로 비화한다는 이론이다. 차량이나 건물의 깨진 유리창을 그대로 내버려 두면, 지나가던 사람들이 돌을 던져 나머지 유리창까지 깨뜨릴 수 있다. 그러면 그 지역에는 절도나 강도 같은 강력 범죄가 발생할 가능성이 커지게 된다. 급기야는 깨진 유리창 하나가 도시 전체의 안전을 해칠 수도 있는 것이다.

'도미노 이론'은 도미노의 패가 연이어 넘어지듯이 어떤 지역이 공산화되면, 그 영향이 인접 지역으로 파급되어 간다는 이론이다. 작은 눈덩이 하나가 거대한 눈사태를 일으키는 현상에서도 알 수 있다.

하인리히 법칙Heinrich's law'은 큰 재해가 발생하기에 앞서 그와 관련된 작은 사고가 잇따르고, 미세한 이상 징후들이 반복적으로 일어난다는 법칙이다. 큰 재해와 작은 사고, 이상 징후의 발생 비율을 근거로 '1:29:300 법칙'으로 부르기도 한다. 이 법칙은 사소한 잘못이나 문제를 방치하면, 나중에 감당하기 힘든 대형 사고가 발생할 수 있다는 경고의 메시지를 담고 있다.

모든 것은 사소하고 작은 것에서 시작된다. 나의 사소한 무관심이나 무책임, 무례함, 무질서, 이런 것들은 결코 사소한 게 아니다. 사소하다고 생각했던 것들이 점차 거대한 문제를 일으키고 결국 그 모든 것은 부메랑이 되어 내게 돌아온다. 종두득두種豆得豆, 인과응보因果應報 모두 인간이 저지른 사소한 일들이 어떤 결과를 가져오는지에 대한 따끔한 일침을 일컫는 말이다.

원심력과 구심력의 조화

원운동을 하는 물체에 작용하는 힘은 원심력과 구심력 두 가지다. 원심력遠心力은 원의 바깥으로 나아가려는 힘이고, 구심력求心力은 원의 중심으로 들어오려는 힘이다. 인간에게도 두 가지 힘이 작용한다. 어린 시절에는 원심력이 크게 작용하고, 나이가 들면 구심력이 한층 활성화한다. 원심력은 걸음마에서부터 시작된다. 아이는 몸을 제대로 가누지 못하면서도 세상으로 나아갈 발걸음을 떼느라 애쓴다.

미지의 세계에 대한 호기심과 도전도 원심력의 작용이다. 원심력은 한계를 극복하고 경계를 뛰어넘는 힘이다. 하지만 노년이 되면 원심력보다 구심력이 더 크게 작용한다. 행동반경이 줄어들고 운동량도 줄어든다. 뛰기보다는 걷고 싶어 하고, 걷기보다는 앉고 싶어 한다. 움직이는 걸 귀찮아하다 보니 근육도 줄고 의욕도 줄어든다. 그야말로 악순환이다.

동물의 생애는 원심력과 구심력의 상관관계로 이해할 수 있다. 꿀벌이나 개미, 제비처럼 동물이 원래의 서식지로 되돌아오는 습성인 귀소본능歸巢本能과 어류 따위가 먼 곳으로 이동해 생활하다 알을 낳기 위해 태어난 곳으로 돌아오는 회귀본능回歸本能 습성이 있다.

누구나 젊은 시절에는 낯선 곳으로 떠나고 싶어 한다. 그리고 세월이 흐른 뒤에는 다시금 정든 곳으로 돌아오려 한다. 인생은 원심력과 구심력 사이의 길항拮抗으로 점철되는 여정이라고 할 수 있다. 원심력과 구심력이 조화와 균형을 이룰 때, 비로소 인생이 완성되는 건 아닐까.

인생을 완전히 헛산 건 아닐까

한 선비가 강을 건너기 위해 나룻배에 올랐다. 잠시 뒤 선비는 열심히 노를 젓고 있는 뱃사공에게 말을 건넸다.

"성리학에 대해 아는 게 있습니까?"

사공은 잘 모른다고 대답했다. 얼마 뒤 선비는 다시금 사공에게 질문을 던졌다.

"추사 김정희를 알고 계십니까?"

이번에도 사공은 잘 모르겠다고 말했다. 그러자 선비는 한심하다는 듯 사공을 바라보면서 또다시 물었다.

"조선 제일의 명필 한석봉은 아시겠지요?"

사공은 고개를 내저으며 모른다고 말했다. 그러자 선비는 혀를 끌끌 차면서 혼잣말로 중얼거렸다.

"인생 완전히 헛살았군!"

그때 갑자기 돌풍이 불면서 배가 심하게 요동쳤다. 선비는 몸을 가누지 못한 채 물에 빠지고 말았다. 그는 물속에서 허우적거리며 살려 달라고 외쳐댔다. 그러자 사공은 고소하다는 표정을 지으며 선비에게 물었다.

"헤엄은 칠 줄 아십니까?"

선비는 간신히 한마디 내뱉었다.

"아니요!"

사공은 혼잣말로 이렇게 말했다.

"인생 완전히 헛살았군!"

권위의식과 자만심에 찌든 인간, 자신만의 세계에 함몰된 인간은
인생을 완전히 헛산 것이다.

가고 싶은 곳으로 내 마음대로

산을 오르는 데는 두 가지 철학이 있다. 하나는 등정주
의登頂主義, Peak hunting이고, 다른 하나는 등로주의登路主義, Route finding다.

등정주의는 수단과 방법을 가리지 않고 정상에 오르는 걸 목표로
삼는다. 한마디로 '결과' 중심주의다. 반면에 등로주의는 결과가 아닌
'과정'에 가치와 의미를 부여한다. 남이 가지 않은 길, 아무도 밟지 않
은 길, 미지의 세계에 대한 도전이다.

여행도 마찬가지다. 패키지여행은 가이드가 '가라는 대로' 가야 하

지만, 배낭여행은 내가 '가고 싶은 대로' 갈 수 있다.

목적지는 똑같은 프랑스 파리의 맛 좋은 식당이지만 배낭여행은 가는 도중 어떤 길을 택하고 어떤 교통수단을 이용할지 내가 정할 수 있다. 남이 지시한 대로만 간다면 그 경험을 통해 얻을 수 있는 것은 없다. 길을 걷는 도중 기가 막히게 멋진 카페를 발견하는 건 내가 가고 싶은 대로 간 여행에서만 가능한 일이다.

인생도 다르지 않다. 남이 가라는 대로 가는 게 아니라 내가 가고 싶은 데로 갈 수 있어야 한다. 내가 가는 길이 내 인생길이다. 어느 길을 들어서더라도 그 길은 내가 가야 할 길이기 때문이다.

그러니 '고도高度, Altitude'보다 '태도態度, Attitude'가 더 중요한 게 아닐까.

개 눈에는 똥만 보인다

세상을 보는 눈에는 두 가지가 있다. 청안靑眼과 백안白眼이 그것이다. 청안은 좋은 마음으로 남을 보는 눈이고, 백안은 남을 업신여기거나 흘겨보는 눈이다.

어느 날, 이태조가 무학대사의 거처를 찾아갔다. 무학대사는 그를 정중하게 맞이하고 곡차를 권했다. 이태조는 곡차를 한 모금 들이켜더니 불쑥 농담을 던졌다.

"요즘 대사께서는 살이 쪄서 돼지 같소이다."

무학대사는 그의 농담을 가볍게 받아넘겼다.

"소승이 돼지처럼 보이십니까? 전하께서는 부처님처럼 보이십니다."

이태조는 몹시 당황했다.

"아니, 그냥 웃자고 한 말인데 과인을 부처님 같다고 하면 어떡합니까?"

무학대사는 태연한 표정으로 맞받아쳤다.

"예, 원래 돼지의 눈에는 모든 게 돼지로 보이고, 부처의 눈에는 모든 게 부처로 보이기 마련이지요."

세상을 보는 눈이 그렇다. 보는 사람의 시각에 따라 모든 게 달리 보인다. 어쩌면 세상이 잘못된 게 아니라 세상을 보는 내 눈이 잘못된 건지도 모른다.

거짓된 삶을 강요하는 사회

'리플리 증후군^{Ripley Syndrome}'은 반사회적인 인격장애를 가리키는 용어. 미국의 여류소설가 패트리샤 하이스미스가 쓴 소설 『재능 있는 리플리 씨』에서 유래했다.

성취 욕구에 억눌린 개인이 허구의 세계를 진실이라고 믿고, 거짓된 말과 행동을 상습적으로 반복하는 걸 말한다. 이 소설에서 호텔 종업원으로 일하던 리플리는 자신의 친구인 재벌 2세 디키 그린리프를 살해한다. 그리고 죽은 친구의 신분을 위조해 새로운 삶을 시작한다. 하지만 결국에는 죽은 친구의 시체가 발견되면서 숨겨진 진실이 드러나게 된다.

지금도 유명 방송인이나 연예인의 학력위조 사건이 터질 때마다 이 용어가 등장하곤 한다. 능력보다 학벌을 중시하는 한국사회의 병폐를 단적으로 드러낸다고 할 수 있다.

6년 동안 전국을 돌아다니며 48개 대학에서 신입생 행세를 한 청년이 있었다. 그는 신입생 환영회나 동아리 MT에 빠지지 않고 참석했다. 급기야는 어느 신입생의 신상정보를 알아낸 뒤, 그 학생의 이름으로 신분을 위조해 정식으로 수업에 참여하며 대학생인 척 위장했다.

이 청년의 범죄 행위는 학력에 대한 열등감과 피해의식 때문으로 드러났다. 그의 아버지는 대학교수였고, 누나들은 모두 유명대학을 졸업했다. 그런데 정작 자신은 원하는 대학에 입학하지도 못하고 편입시험에도 떨어졌던 것이다.

"누구한테도 사랑받지 못했고, 아무도 나를 챙겨주지 않았습니다."

"신입생에게 주는 애정과 관심이 좋았습니다."

인생을 살다 보면 때로는 따뜻한 시선, 따뜻한 말 한마디가 몹시 소중할 때가 있다. 아니, 누구에게라도 따뜻한 배려와 애정은 언제나 소중하기 마련이다.

자라나는 청소년들에게 열등감을 부추기는 사회, 좌절감을 안겨주는 사회는 바람직하지도 건강하지도 않다. 어쩌면 우리 사회가 사랑에 목마른 청소년들에게 진실한 삶이 아니라 거짓된 삶을 강요하고 있는지도 모른다.

우리는 사는 법을 배우지 않는다

『죽은 시인의 사회』는 소설로도 영화로도 성공한 작품이다. 영화의 배경이 되는 웰튼 아카데미는 전통과 명예를 중시하는 명문 학교다. 이 학교에 새로 부임한 국어 선생 키팅은 판에 박힌 규율과 강압적인 질서를 부정하고 학생들에게 '자유로운 영혼'을 심어준다. 키팅 선생이 학교를 떠나는 날, 학생들은 책상 위에 올라가 그를 향해 큰소리로 외친다.

"오 캡틴, 마이 캡틴 Oh Captain, My Captain!"

아이들에게 키팅 선생님은 처음으로 만난 진정한 리더였다. 그저 학문을 가르치는 것이 아닌, 인생에서 가장 필요한 가치를 일러준 진정한 캡틴이었던 것이다. 학교만이 아니다. 우리 사회 전반에 걸쳐 억압적이고 위선적인 문화는 여전하다. 그런데 존경할 만한 어른은 잘 보이지 않는다. 우리 사회를 이끌어갈 '캡틴'이 보이지 않는 것이다. 참으로 안타까운 일이다.

한국의 OECD 사회통합지수는 최하위권이다. 세대 혐오와 사회 갈등이 극단으로 치닫고 있다. 우리나라에서 세대 갈등이 특히 심한 이유는 나이에 민감한 문화 탓이다. 나이가 들었다는 이유로 누군가에게 대접받아야 한다는 생각이 모든 것을 틀어지게 한다. 누구나 겪게 되는 세월의 흐름을 마치 특정인만 가질 수 있는 권리인 것처럼 행세를 하는 사람들이 있다. 이들 주변을 돌아보면 사람이 없다. 그들 주위에 남아 있는 건 그저 덕지덕지 붙어 있는 고집과 불통을 부르는 시선뿐이다.

벼는 익을수록 고개를 숙이는데, 우리는 자꾸 고개를 뒤로 젖히려고 한다. 고개를 앞으로 숙여야 상대방에게 인사할 수 있고 다가갈 수 있다. 눈높이를 낮춘다고 해서 내가 낮아지는 게 절대 아니다.

미국의 흑인 해방 운동가인 마틴 루서 킹은 이렇게 말했다.

"우리는 새처럼 하늘을 나는 법을 배우고 물고기처럼 바다를 헤엄치는 법은 익혔지만, 함께 살아가는 간단한 기술은 배우지 못했다."

독일의 노벨문학상 수상 작가인 하인리히 뵐은 '우리는 사는 법을 배우지 않는다. 학교에서도 사회에서도'라고 말했다. 이제부터라도 올바르게 사는 법, 더불어 살아가는 법을 진지하게 배워 보는 건 어떨까.

하늘에서 하얗게 내리는 게 눈이다

오래전 독일에서 공부할 때의 일이다. 나는 캠퍼스 안에 있는 기숙사에서 생활했다. 나와 같은 층에는 아프리카 우간다에서 온 학생이 있었다. 나는 그 학생과 부엌에서 자주 마주쳤다. 독일 학생들은 주로 빵과 우유로 식사하지만, 우리는 거의 매일 밥을 해 먹었기 때문이었다. 우간다 학생은 독일에 온 지 얼마 되지 않아 독일어가 조금은 어눌했다. 그래도 항상 밝은 얼굴로 내게 말을 걸어왔다.

어느 겨울날이었다. 나는 여느 때처럼 부엌에서 저녁 준비를 하고 있었다. 그런데 갑자기 그가 부엌 안으로 뛰어들더니 곧바로 내게 다가오는 것이었다. 그의 얼굴은 무척이나 상기되어 있었다.

"저게 뭐니?"

그는 손가락으로 창밖을 가리키며 소리쳤다.

"어떤 거?"

"저기 하얀 거 말야."

"눈 말하는 거야?"

"저게 눈이야?"

순간 나는 무척 혼란스러웠다. 약간 화가 나기도 했다.

'얘가 나를 놀리나? 무슨 말도 안 되는 소리를 하는 거지?'

그런데 바로 다음 순간, 아차 싶었다.

'그렇지! 얘는 아프리카에서 왔지.'

그는 흥분을 감추지 못한 채 말을 이어갔다.

"나는 태어나서 지금까지 단 한 번도 눈을 본 적이 없어. 와, 신기하다! 빨리 나가서 눈 좀 맞아봐야지."

그 말이 채 끝나기가 무섭게 그는 밖으로 뛰쳐나갔다. 나에게는 지극히 당연한 자연현상이 그에게는 마법처럼 여겨졌던 것이다.

누구나 경험의 한계가 있다. 지식의 한계도 있다. 내가 아는 게 다가 아니다. 그 한계를 인정해야 한다. 그리고 한계를 극복하기 위해 노력해야 한다. 그래야 한 단계 더 발전하고 성숙해질 수 있다.

그렇다. 하늘에서 하얗게 내리는 게 바로 눈이다!

인생의 지혜를 담은 말 Ⅰ

◆ 생김새나 차림새보다 쓰임새가 더 중요하다.

◆ 몸을 바로 세우기보다 마음을 바로 세우기가 더 어렵다.

◆ 돈을 쓰면 인기를 얻지만, 마음을 쓰면 인심을 얻는다.

◆ 편식은 건강을 해치고, 편견은 인생을 해친다.

◆ 음식은 영양이 있어야 하고, 사람은 교양이 있어야 한다.

◆ 지식은 행行을 읽는 것이고, 지혜는 행간行間을 읽는 것이다.

◆ 인생의 제조일자는 이미 적혀 있지만, 인생의 유효기간은 그대가
  적어 넣어야 한다.

◆ 내가 희망을 버리지 않는다면. 희망은 결코 나를 버리지 않을 것
  이다.

◆ 인생의 문제는 문제지에 쓰여 있는 게 아니다.

◆ 이 세상에는 황금알을 낳는 거위도 없고, 알을 낳는 황금거위도
  없다.

우리 삶을
꿰뚫는
다섯 가지 틀

_____ 2장

프레임:
어떻게 보느냐에 따라
달라 보인다

'빨간 코끼리의 법칙'이라는 게 있다. 대화에 앞서 '절대로 코끼리를 생각하지 말라'고 하면, 상대방의 머릿속에는 코끼리에 대한 이미지가 고착화되기 때문에 그 생각을 쉽게 떨쳐 버리지 못한다. 즉, 프레임이 형성된 것이다. 프레임은 사물을 바라보는 시선이나 인식을 가능하게 하는 틀이다. 어떤 틀을 가지고 상황을 이해하고 해석하느냐에 따라 행동이 달라진다는 게 프레임의 법칙이다.

윈스턴 처칠은 '비관주의자는 모든 기회 속에서 어려움을 찾아내고, 낙관주의자는 모든 어려움 속에서 기회를 찾아낸다'라고 말했다.
외과수술에서 사망률이 20%라고 하면 몹시 위험하다고 생각하지만, 생존율이 80%라고 하면 상당히 안전하다고 생각한다. 전자는 '사망'에 중점을 두고, 후자는 '생존'에 중점을 두었기 때문이다.

같은 내용도 어떻게 포장하느냐에 따라 달라지고, 같은 의도 또한 어떻게 표현하느냐에 따라 달라진다. 어떠한 틀을 가지고 보느냐에 따라 세상은 달리 보이기 마련이다. 틀을 바꾸면 세상이 바뀐다.

보이는 게 다가 아니다

공자가 제자들과 함께 채나라로 향했다. 가는 길에 양식이 다 떨어졌다. 공자 일행은 마을에 들러 잠시 쉬어 가기로 했다. 공자는 긴 여행에 지쳐 금세 잠이 들었다. 그 사이에 제자 안회가 쌀을 구해 와 밥을 지었다. 밥이 다 될 즈음, 공자가 잠에서 깨어났다.

그때 안회가 밥솥의 뚜껑을 열고 밥을 한 움큼 집어 먹었다. 공자는 미심쩍은 표정으로 그를 바라보았다. 안회가 말했다.

"제가 솥뚜껑을 여는데 천장에서 흙이 떨어졌습니다. 스승님께 드리자니 더럽고 그냥 버리자니 아깝고 해서 제가 흙이 묻은 밥을 먹었습니다."

꽃며느리밥풀에 관한 설화도 있다. 가난한 집 처녀가 몰락한 양반집으로 시집을 왔다. 그리고 아주 못된 시어머니 밑에서 고단한 시집살이를 했다.

어느 날, 저녁밥을 짓던 그녀는 뜸이 잘 들었는지 보기 위해 밥알 두 개를 입에 물었다. 바로 그때, 못된 시어머니가 부엌으로 들어왔다. 며느리는 무척 당황했다. '밥이 익었는지 보느라 밥알 두 개를 먹었다'고 서둘러 말했다.

하지만 시어머니는 며느리의 말을 믿지 않고 밥을 몰래 먹었다고 호되게 꾸짖고 사정없이 매질을 가했다. 며느리는 혹독한 매질을 견뎌내지 못하고 숨을 거두고 말았다.

얼마 뒤, 며느리가 묻힌 무덤에 흰 밥풀 두 개를 머금은 붉은 꽃이 피어났다.

인도의 시성詩聖 타고르에 관한 일화다. 그의 집 하인이 세 시간이나 늦게 출근했다. 몹시 화가 난 타고르는 하인에게 소리쳤다.

"당신은 해고야!"

그러자 하인이 고개를 숙인 채 조용히 말했다.

"죄송합니다. 어젯밤 딸아이가 죽어서 지금 묻고 오는 길입니다."

타고르는 주관적 판단에 사로잡힌 인간이 얼마나 잔인해질 수 있는지를 깨달았다고 한다.

승객들로 가득 찬 버스 안에서 아기가 울어 대기 시작했다. 승객들은 아기의 울음소리에 짜증을 냈다.

"아줌마, 아기 좀 잘 달래 봐요!", "자기 혼자 버스 전세 냈나!", "여러 사람 힘들게 하지 말고 택시 타고 가면 되잖아!"

그때 갑자기 버스가 멈춰 섰다. 승객들은 의아한 표정으로 버스 기사를 바라보았다. 버스 기사는 차 문을 열고 밖으로 나갔다. 잠시 뒤에 그는 무언가를 손에 들고 버스에 올랐다. 그러고는 아기에게 다가가 막대사탕을 아기 입에 물려 주었다. 그제야 아이가 울음을 그쳤다.

44

목적지에 도착하자 아이 엄마는 자리에서 일어나 운전석 쪽으로 다가갔다. 그리고 버스 기사에게 고개를 숙인 채 손등에 다른 한 손을 세워 보였다. '고맙습니다'라는 수화였다. 아이 엄마는 듣지도 말하지도 못하는 청각장애인이었다.

우리는 너무 쉽게 남을 판단한다. 너무 쉽게 예단하고 속단하고 단정 짓는다. 보이는 게 다가 아닌데도 말이다.

질문이 달라지면 답도 달라진다

친구 두 명이 미사를 보러 가는 길에 이야기를 나누고 있었다. 한 친구가 말했다.

"너는 기도 중에 담배를 피워도 된다고 생각하니?"

그러자 다른 친구가 말했다.

"글쎄 잘 모르겠는데. 우리 신부님께 한번 여쭤 보는 게 어떨까?"

마침 신부가 성당 앞에 서 있었다. 한 친구가 신부에게 다가가 질문을 던졌다.

"신부님, 기도 중에 담배를 피워도 되나요?"

그러자 신부는 정색하며 말했다.

"기도는 신과 나누는 엄숙한 대화인데, 절대 그러면 안 되지."

친구에게서 신부의 답변을 들은 다른 친구가 말했다.

"그건 네가 질문을 잘못했기 때문이야. 내가 가서 다시 물어볼게."

그리고 신부에게 다가가 물었다.

"신부님, 담배 피울 때는 기도하면 안 되나요?"

신부는 얼굴에 온화한 미소를 지으며 말했다.

"기도는 때와 장소를 가리지 않는단다. 담배를 피우는 중에도 얼마든지 기도할 수 있지."

여대생이 밤에 술집에서 아르바이트한다고 하면, 사람들은 그녀에게 손가락질할 것이다. 하지만 원래부터 술집에서 일하던 아가씨가 학비를 벌어 낮에 학교에 다닌다고 하면, 이야기는 전혀 달라진다.

질문이 달라지면 답도 달라진다. 똑같은 인생이라도 어떻게 질문하느냐에 따라 한 사람의 인생은 다른 가치를 보인다. 인생의 어떤 것에 중점을 두고 질문을 던지고 그 답을 얻기 위해 달려갈지 고민하라. 그 질문이 깊고 진중할수록 내 인생의 답은 더 빛나는 가치를 지닐 것이다.

당나귀 그림자에 대한 재판

독일의 어른들을 위한 동화 중 『당나귀 그림자에 대한 재판』이라는 제목의 이야기가 있다. 괴테는 『당나귀 그림자에 대한 재판』을 쓴 독일 작가 빌란트에 대해 이렇게 말했다.

"그는 이 우화를 통해 인간의 속물적인 근성, 앞뒤가 꽉 막힌 옹졸

함, 얼치기 교양 의식, 다수라는 이름을 빌린 세속성에 대한 거부감을 드러냈다."

이 우화는 고대 그리스의 '압데라'라는 가상의 도시에서 시작된다. 어느 날, 치과의사가 이웃 마을로 왕진하러 가기 위해 당나귀 몰이꾼의 당나귀를 빌렸다. 가는 도중에 두 사람은 무더위에 지쳐 잠시 쉬어 가기로 했다. 치과의사는 당나귀 아래 드리워진 그늘에 자리를 잡고 앉았다. 그러자 당나귀 몰이꾼이 치과의사에게 따지듯이 물었다.

"내가 당신에게 당나귀를 빌려준 거지, 당나귀 그림자를 빌려준 건 아니잖소!"

치과의사는 어이없다는 표정을 지으며 맞받아쳤다.

"내가 당나귀를 빌렸으니 당연히 당나귀 그림자도 내가 빌린 게 아니오?"

두 사람은 누구 말이 맞는지 재판관에게 묻기로 했다. 이들의 주장을 들은 재판관은 서로 조금씩 양보하고 합의하라고 권했다. 그런데 도시의 저명한 변호사 두 명이 치과의사와 당나귀 몰이꾼의 변호를 맡겠다고 나서면서 일이 커지고 말았다. 재판이 본격적으로 시작되자, 이번에는 시민들까지 분쟁에 끼어들었다. 도시 전체는 걷잡을 수 없는 논란에 휩싸이게 되었다.

시민들은 치과의사를 지지하는 '그림자당'과 당나귀 몰이꾼을 지지하는 '당나귀당'으로 나뉘었다. 그리고 당나귀당의 추종자들이 개구리를 섬기는 신전을 중심으로 결집하고, 당나귀 그림자당의 추종자들이 염소를 섬기는 신전을 중심으로 결집하는 바람에 종파 갈등으로 번지고 말았다. 그런데 이 황당무계한 싸움은 너무나도 어처구니없게 막을 내렸다. 한 시민이 재판정으로 끌려가는 당나귀를 가리키며 소리쳤다.

"이 빌어먹을 당나귀 때문에 우리가 이 험한 꼴을 보고 있는 게 아닙니까? 이놈이 모든 책임을 져야 합니다."

그의 말이 끝나기가 무섭게 성난 군중이 한꺼번에 달려들어 당나귀를 갈기갈기 찢어 버렸다. 도시는 이내 안정을 되찾고 재판은 종결되었다. 시 당국은 후손에게 교훈을 전하기 위해 당나귀 동상을 세우기로 했다.

누구라도 한번 프레임에 갇히면 빠져나오기 힘들다. 어쩌면 우리는 불편한 진실을 마주할 용기가 없어서 프레임에 갇혀 사는 건지도 모른다.

확증 편향:
내가 보고 싶은 것만 보고
듣고 싶은 것만 듣는다

확증 편향은 자신의 신념과 일치하는 정보만 받아들이는 경향이다. 자신의 신념과 일치하지 않는 정보는 당연히 무시한다.

1950년대 미국에서 실제로 벌어진 일이다. 어느 사이비 교주가 교인들 앞에서 자신이 신에게 계시를 받았다고 주장했다. 머지않아 대홍수가 일어나는데 자신을 믿고 따르는 교인들만 비행접시를 타고 구출될 거라는 내용이었다. 이를 믿은 교인들은 전 재산을 교주에게 맡기고 철야기도에 들어갔다. 마침내 그가 예언한 최후의 날이 다가왔다. 하지만 아무 일도 일어나지 않았다. 사이비 교주는 교인들을 불러놓고 말했다.

"여러분의 믿음과 기도 덕분에 멸망의 문턱에서 구원을 받았습니다."

이 말을 들은 신도들은 신이 자신들의 기도를 들어주었다며 기뻐했다. 그리고 이후로도 교주를 절대적으로 믿고 따랐다.

'팥으로 메주를 쑨대도 곧이듣는다'라는 속담이 있다. 맹신이다.

'콩으로 메주를 쑨대도 곧이듣지 않는다'라는 속담도 있다. 불신이다. 맹신은 모든 걸 스펀지처럼 빨아들이고, 불신은 스프링처럼 튕겨낸다. 지금 우리에게는 필터가 필요하다. 이물질과 불순물을 걸러내고 온전한 정보와 지식을 받아들여야 한다.

편향偏向은 한쪽으로 치우치는 것이다. 한쪽으로 치우치면 당연히 중심을 잃게 되고 바르게 설 수가 없다. 내가 바르게 서지 못하는데 세상이 바르게 보일 리 없다.

가해자-피해자 편향

한 연구팀이 버스 안에서의 가해자와 피해자 편향을 가정한 실험을 했다. 버스 안에서 승객이 큰소리로 통화를 하거나 손을 가리지 않고 재채기를 하는 상황을 연출해 보았다.

실험 참가자들 가운데 절반에게는 자신들이 다른 승객 앞에서 이러한 행동을 한다고 가정하게 했다. 그리고 나머지 절반에게는 자신들 앞에서 그러한 행동이 이루어진다고 가정하도록 했다.

실험 참가자들은 자신이 처한 입장에 따라 상반된 견해를 내놓았다.

가해자 입장의 참가자들은 상대방에게 큰 피해를 주지 않았기 때문에 사과할 필요가 없다는 반응을 보였다. 하지만 피해자 입장의 참가자들은 적지 않은 피해를 보았기 때문에 사과를 받아야 한다고 답했다.

자신의 행동에 대해서는 너그러운 태도를 보인 반면, 타인의 행동에 대해서는 엄격한 태도를 보인 것이다.

채권자-채무자 편향

채권자와 채무자의 관계는 권리와 의무의 관계다. 채권자에게는 빌려준 돈을 돌려받을 권리가 있고, 채무자에게는 빌린 돈을 돌려줄 의무가 있다.

'앉아서 주고 서서 받는다'는 속담은 권리와 의무 사이에 생겨나는 간극을 잘 보여 준다. '뒷간에 갈 적 마음 다르고 올 적 마음 다르다'는 속담도 마찬가지다.

'물에 빠지면 지푸라기라도' 잡지만, '물에 빠진 놈 건져 놓으니까 내 봇짐 내놓으라' 하는 게 인간의 속성이다. 그러니 돈을 빌린 사람은 후안무치해지고, 돈을 빌려준 사람은 노심초사하기 마련이다.

행위자-관찰자 편향

빨간불에 길을 건너거나 무단횡단을 하는 건 분명 잘못된 일이다. 하지만 행위자는 자신의 잘못을 애써 정당화한다.

'차도 없고 위험하지도 않은데 뭐가 문제야.'

관찰자는 행위자의 잘못을 엄히 꾸짖는다.

'그래도 신호는 지키는 게 도리지.'

타인이 난폭운전을 하면 위험하고 몰상식한 행위라고 비난한다.

하지만 자신이 난폭운전을 하는 데는 다 그럴 만한 이유가 있다. 내가 늦잠을 잔 건 밤늦게까지 일했기 때문이지만, 다른 사람은 게으르기 때문이다. 내가 지각을 한 건 차가 막혔기 때문이지만, 다른 사람은 시간관념이 부족하기 때문이다. 내가 시험을 못 본 건 문제가 어려웠기 때문이지만, 다른 사람은 공부를 안 했기 때문이다. 내가 불쌍한 이웃을 도와주지 못한 건 돈이 없었기 때문이지만, 다른 사람은 동정심이 없기 때문이다.

관찰자는 '강 건너 불구경하는' 사람이고, 행위자는 '발 등에 불이 떨어진' 사람이다.

운전자-보행자 편향

운전자와 보행자는 불편한 관계다. 아니, 적대관계다. 서로 만나고 싶어 하지 않고, 설령 만난다고 하더라도 빨리 벗어나고 싶어 한다.

왜 그럴까. 보행자의 시각과 운전자의 시각이 서로 다르기 때문이다. 운전대를 잡으면 운전자의 시각으로 세상을 바라보게 되고, 길을 건너면 보행자의 시각으로 세상을 바라보게 된다. 이들에게는 여유가 없다. 좌우를 가리지 않고 무조건 목적지를 향해 내달리려고 한다. 꼬리물기를 하다 신호에 걸려 교통체증을 유발하는 운전자나 노란불에 건너려다 신호가 바뀌어 횡단보도 한가운데서 어쩔 줄 몰라 하는 보행자, 이들 모두 조급함이 문제다.

우리나라 교통사고 사망자 가운데 보행자가 차지하는 비율은 OECD 가입국의 평균보다 훨씬 높다. 최근에 발표된 한국교통안전공단의 실태조사에 따르면, 운전자 10명 중 9명이 신호등이 없는 횡단보도에서 보행자가 길을 건널 때 일시 정지 의무를 안 지키는 것으로 나타났다. 거의 모든 운전자가 의무 규정을 숙지하고 있는데도 말이다. 어째서 인식과 행동 사이에 이처럼 커다란 간극이 존재하는 걸까.

보행자와 운전자의 편향성을 극복하는 방법은 지극히 간단하다. 인식의 전환이다. 내가 차에 타면 운전자고, 차에서 내리면 보행자다. 그리고 운전자와 보행자 모두 사람이다. 그렇기에 무엇보다 '차보다 사람이 먼저'라는 사실을 분명 잊어서는 안 된다.

화자-청자 편향

사람들이 대화할 때면 가끔 이런 광경을 목격하게 된다.

"왜 그렇게 말귀를 못 알아듣니?"

말하는 사람은 자신이 하는 말을 상대방이 못 알아듣는다고 질책한다. 그런데 듣는 사람은 상대방이 제대로 말을 하지 못했다고 비난한다.

"제발 좀 알아듣게 말해 봐!"

야구놀이를 할 때도 이와 비슷한 일이 벌어질 수 있다. 공을 던지는 사람이 받는 사람에게 말한다.

"내 공을 왜 그렇게 못 받니?"

그러면 공을 받는 사람이 이렇게 맞받아친다.

"내가 받을 수 있게 공을 던져야지!"

공을 던지는 사람은 상대방이 공을 잘 받을 수 있게 던지고, 공을 받는 사람은 상대방이 던진 공을 잘 받기 위해 힘써야 한다. 마찬가지로 화자話者는 청자聽者가 잘 알아듣도록 말을 하고, 청자는 화자가 하는 말을 잘 듣기 위해 노력해야 한다.

상대방이 내 말을 못 알아들으면, 상대방을 탓하기에 앞서 나 자신을 돌아보는 건 어떨까. 그리고 내가 상대방의 말을 못 알아들으면, 좀 더 잘 알아듣기 위해 다시금 귀를 기울여 보는 건 어떨까.

주인-고객 편향

리츠칼튼 호텔의 창업자 세자르 리츠는 '고객은 왕이다Der Kunde ist König'라며 존중했다. 그리고 '고객이 짜다면 짜다'라는 말에는 고객에 대한 절대적인 존중과 배려가 담겨 있다. 일본에서는 '고객은 신이다'라고 하고, 중국에서는 '고객을 부모님처럼 대하라'고 한다.

한 음식점에서 식사를 마친 손님이 주인에게 퉁명스럽게 말을 내뱉는다.

"돈을 받을 거면, 제대로 좀 해야지!"

그러자 주인이 손님에게 맞받아친다.

"그깟 돈 몇 푼 내고 바랄 걸 바라야지!"

화가 난 손님은 버럭 소리를 지른다.

"여기 아니면 내가 갈 데가 없을 줄 알아!"

그 말이 끝나기가 무섭게 주인도 큰 소리로 응수한다.

"당신 아니면 손님이 없을 줄 알아!"

한 고객이 매장에 전화를 걸어 환불을 요구했다. 제품을 구매한 지 벌써 여러 달이 지난 뒤였다. 점원은 회사 매뉴얼에 따라 환불이 불가능하다며 정중하게 응대했다. 고객은 '매뉴얼대로밖에 못하겠느냐'고 윽박질렀다. 점원은 매뉴얼을 무시해도 좋은지 고객에게 물었다. 고객은 당연하다는 듯이 그렇다고 답했다. 그러자 점원은 곧바로 전화를 끊어 버렸다.

우리 속담에 '가는 말이 고와야 오는 말이 곱다'라는 말이 있다. 모든 건 상대적이다. 내가 고운 말을 해야 상대도 고운 말을 하고, 상대가 고운 말을 해야 나도 고운 말을 하는 법이다. 주인이나 손님 모두 서로를 존중해 주면 문제 될 게 없다.

"맛있게 잘 먹었습니다!"

"잘 드셨다니 감사합니다!"

이렇게 말하는 게 그리도 어려운 일인가.

갑-을 편향

'말 타면 종 두고 싶다'는 속담이 있다. 인간의 욕심이 한도 끝도 없다는 말이다. '종이 종을 부리면 식칼로 형문刑問을 친다'는 속담은 남에게 무시당하던 사람이 형편이 나아지면, 더 위세를 떨고 모질게 대한다는 의미다.

갑甲과 을乙은 현대판 양반과 상놈이다. 계급이나 지위, 서열 등이 갑을관계를 규정한다. 성별이나 재산, 학벌, 나이 등 수많은 영역에서 생겨날 수 있다. 마치 먹이사슬처럼 서로 얽혀 있다. 갑을 관계는 한마디로 우열 관계다. 유리한 지위에 있는 사람과 불리한 지위에 있는 사람과의 관계다.

갑을 관계는 계약서에 계약 당사자를 '갑'과 '을'로 표기한 데서 시작됐다고 볼 수 있다. 구매자는 갑이고 공급자는 을이다. 임대인은 갑이고 임차인은 을이다. 발주처는 갑이고 납품업체는 을이다. 원청 회사는 갑이고 하청 회사는 을이다. 본사는 갑이고 가맹점은 을이다. 고용주는 갑이고 종업원은 을이다.

갑과 을은 서수序數가 아니라 기수基數의 관계여야 한다. 서수는 사물의 순서를 나타내지만, 기수는 사물의 가치를 나타낸다. 서로서로 가치를 인정하고 존중해야 한다. 그래야 갑을 관계가 협력관계, 동반자 관계로 바뀔 수 있다.

다수자-소수자 편향

다수결은 민주주의에서 매우 중요한 의사결정 방식이다. 다수결의 원칙은 다수의 판단이 합리적일 거라는 가정에서 출발한다. 달리 말하면, '다수가 옳다'는 선입견 혹은 편견이 자리 잡고 있다. '숫자의 정의正義'는 다수를 선으로 규정하고 소수를 악으로 규정하는 편향성을 내포하고 있다. 소수의 관점이나 의견은 쉽게 묵살된다. 하지만 다수가 찬성한다고 해서 거짓이 진실이 되지는 않는다. 숫자로 모든 걸 정의하려는 발상은 지극히 편의적이고 위험천만하다.

다수결의 원칙은 힘의 논리이고 강자의 논리다. 다수의 횡포에 휘둘릴 수도 있다. 집단지성이 집단광기로 변질할 위험성도 존재한다.

현실적으로 다수자와 소수자의 권리는 동일하지 않다. 소수자는 자신을 피해자로 인식하고 다수자를 가해자로 인식한다. 반면에 다수자는 자신을 시혜자施惠者로 인식하고 소수자를 수혜자受惠者로 인식하는 성향이 강하다. 소수자는 강자가 베푸는 호의를 받아들일 수밖에 없는 약자의 위치에 있다.

'다수결 원리'와 '소수의견 존중'이 상충하는 가치가 되어서는 안 된다. 다수가 소수를 존중하고 배려하는 문화가 형성되어야 한다. 그리고 합리적인 설득을 통해 소수가 기꺼이 동의할 수 있는 합의를 이끌어내야 한다. 숫자의 논리는 인권의 논리, 가치의 논리로 재구성되어야 한다. 다수자와 소수자의 문제는 배척이 아니라 배려가 답이다.

확증 편향의 편향성

요코이 쇼이치라는 일본군 패잔병이 있었다. 그는 28년 동안이나 괌의 밀림에 숨어 지내다 동네 주민들에게 발견되었다. 그런데 그는 2차 세계대전이 끝난 줄도 모르고 있었다.

확증 편향은 자기중심적인 편향성이다. 자신의 편견이나 선입견을 확증하기 위한 선택 편향이다. 주로 음모론자들이나 인종차별주의자들에게서 두드러지게 나타난다. 진실인지 거짓인지는 중요하지 않다. 중요한 건 내가 인식하고 있는 사실이나 현상에 대한 절대적인 확증이다. 그래서 진실을 밝히는 데는 전혀 도움이 되지 않는다.

고대 로마의 율리우스 카이사르는 '인간은 자신이 보고 싶다고 생각하는 현실밖에 보지 않는다'라고 말했으며, 영국 철학자 버트런드 러셀은 '우리는 세상이 우리의 편견에 따라야 한다고 생각하는 경향이 있다'라고 말했다.

니체는 확신이 '감옥'과도 같다고 했다. 그는 확신이 거짓말보다 더 위험한 진실의 적이라고 믿었다. 확신은 자유로운 사고를 방해하고 다양성과 개연성을 부정한다. 확신의 감옥에 갇히면 자기만의 사고에 안주하게 되고 외부세상과 단절될 수밖에 없다.

진영논리도 확증 편향만큼이나 위험하다. 진영논리는 자신이 속한 조직의 이념이 무조건 옳다고 주장하는 걸 말한다. 다른 조직의 이념은 무조건 배척한다. 진영논리를 신봉하는 부류는 선을 긋고 줄을 세우고 편을 가르고 벽을 쌓는다. 세상은 내 편과 네 편으로 나뉘고 적과 동지의 대립 관계로 나뉜다.

'손에 망치를 들면 모든 게 못으로 보인다'는 말이 있다. 모든 인간은 편향적으로 인식하고 사고하고 행동한다. 단지 정도의 차이만 있을 뿐이다. 한쪽으로 치우친 시선으로는 주변을 둘러볼 수 없다. 내가 선 그 자리가 언제나 나에게 곁을 내준다는 보장도 없다. 세상은 늘 변화를 만들고 내가 굳건히 믿었던 가치가 때로는 나를 내칠 수도 있음을 기억해야 한다.

콤플렉스:
내 행동이나 지각에
영향을 미치는 무의식

사람들은 누구나 이런저런 콤플렉스를 안고 산다. 콤플렉스는 무의식 속에 억압적으로 잠재된 관념이다. '심리적 복합체', 혹은 '심리적 구조물'이라고도 한다.

콤플렉스는 크게 두 가지로 나누어볼 수 있다. 하나는 '우월 콤플렉스Superiority complex'이고, 다른 하나는 '열등 콤플렉스Inferiority complex'다. 일반적으로는 콤플렉스가 열등의식이나 열등감과 같은 뜻으로 쓰인다. 그런데 우월 콤플렉스는 자신의 열패감을 감추기 위한 자기과시나 자기기만인 경우가 많다. 그래서 우월 콤플렉스를 열등 콤플렉스의 또 다른 이면裏面이라고도 할 수 있다.

콤플렉스는 삶의 에너지원이 되기도 한다. 오스트리아의 정신분석학자인 알프레드 아들러는 열등 콤플렉스의 극복을 통해 인격이 성장하고 자신감이 강화된다고 보았다. 누구라도 콤플렉스에 사로잡히면 인생의 패배자가 되지만, 콤플렉스를 극복하면 인생의 승리자가 될 수 있다.

정답 콤플렉스

우리는 살기 위해 수많은 문제를 푼다. 인생의 문제가 아닌, 단지 정답을 찾기 위해 푸는 시험문제들이다. 우리나라는 전 세계에서 가장 많은 문제를 푸는 '문제 풀이 국가'다. 대학입시 준비과정에서 약 100만 개의 문제를 푼다고 한다. 타의 추종을 불허할 정도다.

문제가 왜 문제가 되는지는 중요하지 않다. 문제에 대한 답을 찾으면 그만이다. 그러니 어디서도 문제에 대한 문제의식을 찾아보기는 힘들다. 정답은 내가 원하는 답이 아니라 이미 정해진 답이다. 문제를 푸는 행위는 주어진 경우의 수 가운데 하나를 고르는 것이다. 그런데 내가 사유하고 고민한 끝에 애써 찾아낸 답이 정답과 다를 때가 적지 않다.

'행간을 읽다Read between the lines'라는 표현이 있다. 글에 숨겨져 있는 뜻을 알아낸다는 말이다. '문맥을 파악하다Grasp the context'는 앞뒤로 연결된 글의 맥락을 이해한다는 말이다. 하지만 문제 풀이에서는 굳이 행간을 읽고 문맥을 파악할 필요가 없다. 미리 외운 답을 옮겨 적으면 그만이다. 문제 풀이에서 중요한 건 사고력이 아니라 암기력이다.

우리 속담에 '사공이 많으면 배가 산으로 간다'는 말이 있다. 사람들이 서로 자기주장만 내세우면, 일이 제대로 되기 어렵다는 뜻이다. 그런데 다섯 살배기 아이가 전혀 다른 해석을 내놓았다. 그 아이는

'사공이 서로 힘을 합하면, 배를 들어 산으로 옮길 수 있다'고 말했다. 그때 나는 신선한 충격을 받았다. '아, 이런 해석도 가능하겠구나!' 물론 아이의 해석이 사실에 부합하는 건 아니다. 하지만 얼마든지 해석을 달리할 수 있는 가능성을 보여 주기에는 충분했다.

모든 건 보는 시각과 관점에 따라 달라진다. '정답 아닌 정답'이 존재할 수 있다. 그리고 사람들이 정답이라고 생각하는 그 답이 오답일 수도 있다. 틀림이 아닌 다름을 인정한다면, 모든 답이 정답이 될 수 있다.

서로의 인생이 다른데 하나의 정답을 찾는다는 건 어리석은 일이다. 인생은 주어진 답을 찾는 게 아니라 나만의 답을 찾아가는 과정이다. 인생에는 정답이 존재하지 않는다. 누구에게나 자신만의 답이 존재할 뿐이다.

서열 콤플렉스

영어에 'Pecking order'라는 단어가 있다. 닭들이 모이를 쪼아 먹는 순서를 말한다. 닭만이 아니다. 모든 동물은 본능적으로 서열을 정하고 위계질서를 유지하려고 애쓴다.

예로부터 우리 사회는 위계질서를 중시해 왔다. 선배와 후배, 어른과 어린이, 부모와 자녀, 상사와 부하. 모든 관계가 위계질서 안에 자리 잡고 있다. 지금은 어린 학생들도 '서열 놀이'에 빠져 있다. 친구들의 외모나 성적, 가정 형편을 두고 서열이나 등급을 매기면서 어른들의 행태를 그대로 답습하는 것이다.

서열이 정해지면 갑질이 행해지기 마련이다. 누구나 갑질의 대열에 참여하고, 어디서나 갑질이 판을 친다. 학교에서도 회사에서도 군대에서도 갑질이 일상화되고 생활화된다. 그야말로 '만인에 대한 만인의 갑질'이다. 거리에도 상점에도 '갑甲옷'을 입은 사람들이 너무 많다. 그래서 세상이 너무 '갑갑'하기만 하다.

요즘 갑질의 세계에서는 피해자가 가해자가 되고, 가해자가 다시금 피해자가 된다. '종로에서 뺨 맞고 한강에서 눈 흘기는' 꼴이다. 갑질의 악순환이다.

'대한민국은 평등사회다'라는 유머가 있다. 여기서 말하는 평등은 '평등平等'이 아니라 '평등評等'이다. 학부모들이 모이기만 하면, 아파트의 평수坪數와 자녀의 등수等數를 이야기하기 때문이다. 지극히 '평등'하지 못한 '평등'이다.

"인간은 다른 인간에게 늑대다 Homo homini lupus est."

영국의 철학자 토머스 홉스가 집필한 『시민론』의 서두에 나오는 대목이다. 이 대목이 '인간은 다른 인간에게 신神이다'로 바뀔 수만 있다면 얼마나 좋을까. 우리가 바라는 세상은 갑과 을이 사는 세상이 아니라 사람다운 사람이 사는 세상이다.

외모 콤플렉스

외모 콤플렉스는 자신의 외모가 남보다 못하다고 생각하는 열패감 劣敗感이다. '무조건 예뻐야 한다'는 강박관념이기도 하다.

외모는 취업이나 결혼 등 인생 전반에 걸쳐 적지 않은 영향을 미친다. 외모에 따라 개인의 우열이 결정되기도 한다. 외모에 대한 집착이 편견이나 차별을 강화하는 요인이 되기도 한다. 외모가 경쟁력이 되고 권력이 되는 사회는 분명 잘못된 사회다.

한 설문 조사에서 응답자의 86퍼센트가 '우리 인생에서 외모가 중요하다'라고 답했다. 또 다른 설문 조사에서는 취업준비생 가운데 98퍼센트가 외모가 취업에 영향을 미친다고 답했다. 기업의 인사담당자 가운데 98퍼센트가 역시 채용 면접에서 외모를 고려한다고 했다. 우리 사회는 성형을 권하는 사회다. 어디서나 손쉽게 성형 광고를 접하게 된다. 청소년들이 아름다움에 대한 올바른 가치관을 정립하기도 전에 성형 유혹에 빠져드는 것이다.

영국의 시사지 《이코노미스트》는 인구 대비 성형수술이 가장 많은 나라가 대한민국이라고 보도했다. 심지어는 졸업선물로 성형수술을 고려하는 부모들이 늘고 있다고 한다. 서양은 주로 중년층에서 노화 현상을 개선하기 위해 성형을 한다. 그런데 우리나라는 주로 젊은 층에서 미용을 위한 성형을 한다.

독일의 철학자 발터 벤야민은 예술작품에서 우러나오는 고유한 분위기를 '아우라^Aura'라고 했다. 누구나 자신만의 아름다움을 지니고 있다. 사회적으로 강요된 아름다움이 아니라 본연의 원초적인 아름다움이다. 내면의 아름다움은 대체 불가능한 아름다움이고, 무한의 아름다움이다.

인맥 콤플렉스

'대학생 인맥 관리 의식'에 관한 설문 조사에서 92퍼센트에 달하는 대학생들이 인맥을 인생의 중요한 부분으로 인식하는 것으로 드러났다. 그런데 문제는 인맥이나 연줄이 배타적이고 차별적이라는 데 있다. '끼리끼리' 문화가 만연해 있고, '제 식구 감싸기'는 도를 넘은 지 오래다. 편 가르기와 줄 세우기는 일상이 되었다. '동아리'라 쓰고 '패거리'라 읽어야 하는 현실이다.

외국의 어느 전문가는 우리나라의 노동생산성이 낮은 이유가 혈연이나 학연, 지연에 얽매여 있기 때문이라고 지적하기도 했다. 인맥으로 맺어진 관계는 합리성과 효율성을 거부한다. 공정이라는 단어가 비집고 들어갈 틈이 없다.

우리는 '우리'라는 우리 속에 너무 오래 갇혀 지내는지도 모른다. 이제는 고답적이고 폐쇄적인 우리에서 빠져나와야 한다. 어쭙잖은 '그들만의 리그'와 작별을 고해야 한다. 열린 소통과 건전한 인간관계를 가로막는 인맥의 장벽을 허물어야 한다.

세상은 변하고 있다. 인터넷 세상은 무한히 확장된 시공간이다. 개방된 플랫폼에서는 경직된 집단의식이 아니라 유연한 개인의식에 기초한 새로운 유형의 인맥이 형성되고 있다. '아날로그 인맥'이 '디지털 인맥'으로 바뀌고 있는 것이다.

썩은 인맥은 썩은 뿌리다. 뿌리가 썩으면 나무 전체가 썩는다. 인맥이 썩으면 사회 전체가 썩게 된다. 썩은 인맥이나 연줄이 아닌 건강한 소셜네트워크, 사회적 관계망이 구축되어야 한다. 건강한 사회는 건강한 관계에서 만들어지기 때문이다.

소유 콤플렉스

『자치통감』을 펴낸 사마광이 어렸을 때 일이다. 사마광이 동네 아이들과 술래잡기 놀이를 하고 있었다. 그때 한 아이가 숨을 곳을 찾다 커다란 물독에 빠지고 말았다. 아이들은 너무 놀라 어찌할 바를 몰랐다. 아이들의 울음소리를 듣고 동네 어른들이 달려왔다. 하지만 어른들도 우왕좌왕하기는 마찬가지였다. 밧줄을 가져와야 한다느니 사다리를 가져와야 한다느니 하며 시간을 허비하고 있었다.

그때 사마광이 땅바닥에서 돌멩이를 집어 항아리를 깼다. 그 덕분에 항아리 속에 갇혀 있던 아이가 빠져나올 수 있었다.

이 일화가 '격옹구아擊甕求兒', 즉 '항아리를 깨 아이를 구하다'라는 고사성어의 출처다. 하나를 얻기 위해서는 다른 하나를 버릴 줄 알아야 한다.

얼마 전에 우리나라에서 있었던 일이다. 아파트의 승강기가 운행 중에 갑자기 멈춰 섰다. 구조대원들이 긴급전화를 받고 재빨리 현장에 출동했다. 그들은 승강기에 갇힌 사람들을 구조하기 위해 강제로 문을 열려고 했다. 그런데 아파트 경비소장이 구조대원들을 막아섰다. 승강기가 파손되면 자신이 책임을 떠맡게 될까 봐 우려했기 때문이다. 그에게는 주민의 생명을 구하는 것보다 입주자 대표의 비난을 피하는 게 우선이었다.

그리스 신화에 등장하는 미다스는 소아시아 왕국 프리기아의 왕이다. 그는 술에 취한 채 길거리를 헤매는 노인을 발견하고 왕궁으로 데려와 극진히 보살펴 주었다. 그런데 알고 보니 그 노인은 디오니소스의 스승이었다. 디오니소스는 미다스에게 소원 한 가지를 들어주겠노라고 말했다. 미다스는 손에 닿는 건 모두 황금으로 변하게 해달라고 청했다. 그런데 전혀 예기치 않은 상황이 벌어졌다. 허기를 채우기 위해 집어 든 음식이 금으로 변했다. 사랑하는 딸을 보고 덥석 품에 안았는데 그녀 역시 금으로 변했다. 원하는 걸 가졌지만 평생 다시 얻을 수 없는 것을 잃는 꼴이다.

운송수단을 제작하는 사람들은 이미 오래전부터 욕심이 과하면 불행을 초래한다는 사실을 알고 있었다. 적재량을 초과해 화물을 실으면 자칫 배가 뒤집힐 수도 있다. 그래서 화물을 선적하기 전에 미리 평형수를 채워 넣어야 한다. 그래야 배가 균형을 유지하고 안전하게 항해할 수 있다. 항공기가 위기상황에서 추락을 모면하기 위해 엔진 연료를 쏟아버리는 것을 '제티슨Jettison'이라고 한다.

> **"당신의 존재가 희미하면 희미할수록 당신은 그만큼 더 소유하게 되고,
> 당신의 생명은 그만큼 더 소외된다."**

에리히 프롬의 『소유냐 존재냐』에 나오는 대목이다. 누구라도 '소유에 매몰'되면 '존재의 가치'를 망각하게 된다.

노자는 '적게 가지는 것은 소유고, 많이 가지는 것은 혼란'이라고 했으며 탈무드에는 '승자의 주머니 속에는 꿈이 있고, 패자의 주머니 속에는 욕심이 있다'라는 말이 있다. 니체는 '소유가 주인이 되고, 소유하는 자가 소유의 노예가 되어서는 안 된다'고 강조했다.

영화 《곡성》에 나오는 "뭣이 중헌디?"라는 대사처럼 어쩌면 우리는 무엇이 중요한지도 모르면서 무조건 움켜쥐려고 하는지도 모른다. 아니, 나 자신을 움켜쥐고 있는지도 모른다. 탐욕에 사로잡힌 소유는 축복이 아니라 저주다.

메커니즘:
인생에 작동하는
다섯 가지 원리

'메커니즘Mechanism'은 사물의 작용 원리나 구조다. 정신
분석학에서는 무의식적인 방어기제를 뜻하기도 한다.

인생에는 다양한 메커니즘이 작동한다. 협력 메커니즘도 있고 착취
메커니즘도 있다. '먹이사슬'은 생태계에서 먹이를 매개로 연결된 관
계다. 약육강식의 세계에서는 정글의 법칙이 지배한다. 강한 자가 약
한 자를 잡아먹고 약한 자가 강한 자에게 잡아먹히는 메커니즘이다.

여기서는 인생의 본질적이고도 긍정적인 메커니즘의 형태를 살펴
보려고 한다.

톱니바퀴 메커니즘

톱니바퀴는 톱니의 맞물림으로 두 축 간에 동력을 전달한다. 바퀴
하나로는 아무것도 해낼 수 없다. 톱니바퀴가 크다고 해서 무조건 좋
은 게 아니다. 크고 작은 바퀴들이 서로 맞물려 돌아가야 한다. 작은
바퀴가 없으면 큰 바퀴도 돌아갈 수 없다.

마틴 스코세이지가 감독한 영화《휴고》에서 주인공 소년은 이렇게

말한다.

"시계 부품은 필요하지 않은 게 하나도 없다. 그래서 나는 자주 여기에
온다. 이 세상이 하나의 시계라면, 나도 어딘가에 쓰임새가 있지 않을
까 싶어서다."

초등학교 운동회 때 이인삼각二人三脚 경기를 해 본 경험이 있을 것이
다. 두 사람이 나란히 선 채 서로 맞닿은 발목을 묶고 함께 뛰는 경기
다. 둘 중 하나라도 앞서거나 뒤서면, 발이 뒤엉켜 넘어지기 쉽다. 아
무리 내가 먼저 가려고 해도 갈 수 없다. 서로 호흡을 맞추고 보조를
맞춰 함께 가야 한다. 합창도 오케스트라도 마찬가지다. 높은 음과 낮
은 음이 어울려 아름다운 화음을 낸다.

높낮이는 서열의 문제가 아니라 조화의 문제다. 우리 인생도 그렇
다. 인생은 서로 어우러져 살아가는 것이다. 작은 힘으로도 누군가에
게 도움을 줄 수 있고, 큰일을 해낼 수 있다.

톱니바퀴 하나가 멈추면 모든 게 멈춘다. '나도 누군가에게 없으면
안 될 작은 톱니바퀴가 되고 싶다.' 이렇게 한번 다짐해 보는 건 어떨
까.

지렛대 메커니즘

'지레의 원리'는 고대 그리스의 자연과학자 아르키메데스가 처음 발견했다. 그가 '나에게 받침대와 지렛대(긴 막대)를 주면 지구도 움직일 수 있다'라고 말했다는 일화는 유명하다.

지렛대에는 세 개의 점이 있다. 힘점과 받침점, 작용점이 그것이다. 힘점은 지렛대에 힘을 주는 점이고, 받침점은 지렛대를 괴는 점이다. 그리고 작용점은 지렛대에 힘이 미치는 점이다. 장도리나 손톱깎이, 병따개, 펌프도 지레의 원리를 응용한 것이다. 정약용이 수원 화성을 축조할 때 사용했다는 거중기에도 지레의 원리가 담겨 있다.

인생에도 앞으로 나아가기 위해 힘이 필요하다. 다만 혼자만의 힘이 아니라 지렛대처럼 옆에서 받쳐주고 괴어주고 힘이 도달할 수 있도록 도와주는 조력자의 힘이 필요하다. 축구에서도 골을 넣기 위해서는 동료가 공을 잘 건네줘야 한다. 아무 도움 없이 자기 혼자 살아가는 사람은 없다. 누구에게나 다른 누군가의 도움이 필요한 법이다.

농부는 봄에 모를 심고 한여름에 정성을 다해 기른다. 그리고 가을에는 익은 벼를 거둬들인다. 세상의 모든 이치가 그렇다. 힘점과 받침점, 작용점. 이 세 점이 바로 인생의 점이다. 아르키메데스가 말한 것처럼 지구를 들어 올릴 수는 없지만, 세상을 움직일 수는 있지 않을까.

시계추 메커니즘

시계추는 쉬지 않고 움직인다. 항심恒心이다.

시계추는 언제나 균형을 유지한다. 중심中心이다.

시계추는 정확하게 시각을 가리킨다. 진심眞心이다.

항심은 변치 않는 마음이고 중심은 치우치지 않는 마음이다. 그리고 진심은 거짓되지 않은 마음이다. 우리는 걸을 때 중심을 잡는다. 새도 날아갈 때 중심을 잡는다. 승강기에도 중심을 잡아 주는 균형추가 설치되어 있다. 선박은 화물량이 적어 균형을 유지하기 어려울 때 바닥에 물이나 자갈 따위를 싣는다. 그렇지 않으면 배가 전복될 수도 있다. 행성의 공전은 원심력과 구심력이 균형을 이루고 있기 때문에 가능하다. 인생도 시계추처럼 열심히 움직이되 큰 흔들림없이 균형을 잡는 시각이 필요하다. 그렇게 오랜 기간 중심을 잡고 달려가면 언젠가 진심은 전달될 것이고 원하는 바를 이루게 될 것이다.

시계추는 방향성과 목적성을 갖는다. 시계추는 흔들리는 게 아니라 움직이는 것이다. 시간의 흐름을 측정할 수 있는 건 시계추가 제자리에 머물지 않고 제자리로 돌아오기 때문이다. 시계추는 쳇바퀴가 아니다. 시계추는 '일상의 미학'이고 '반복의 미학'이고 '1초의 미학'이다.

방아쇠 메커니즘

방아쇠는 총알을 발사하는 장치다. 방아쇠가 일정한 지점에 다다라야 비로소 메커니즘이 작동한다. 그전까지는 총알이 전혀 움직이지 않는다. 활시위를 당길 때도 마찬가지다. 화살을 걸어 일정한 지점까지 잡아당긴 다음, 놓아야 화살이 날아간다.

비행기는 일반적으로 200킬로미터와 500킬로미터 사이에서 이륙한다. 이륙하기 위해서는 비행기의 추진력을 높이고 꼬리 부분의 승강 키를 올려야 한다. 이륙을 결정해야 하는 속도에 다다르면, 주저 없이 지상을 박차고 하늘로 솟아올라야 한다. 1킬로미터, 아니 1미터, 1센티미터의 차이가 하늘과 땅을 가르는 것이다.

임계점臨界點은 물질의 구조와 성질이 다른 상태로 바뀔 때의 온도와 압력을 말한다. 물은 액체, 고체, 기체의 상태로 변화할 수 있는 독특한 물질이다. 끓는점인 비점沸點, 어는점인 빙점氷點, 녹는점인 융점融點 모두 임계점이다. 물은 0도에서 녹거나 얼고, 100도에서 끓는다. 임계점에 도달하기 전에는 변하지 않는다. 1도의 차이가 전혀 다른 상태를 만들어내는 것이다. 균형이 깨지고 순식간에 특정 현상이나 세력이 퍼지는 지점인 티핑포인트도 마찬가지다. 아주 작은 변화가 매우 놀라운 변화를 일으킨다. 지하에서 물을 끌어 올리기 위해 펌프에 붓는 물이 마중물이다. 마중물을 붓고 펌프질을 하면 어느 순간에 고무막 위로 물이 솟구쳐오른다.

"나의 조국은 출발선에 서라고 5천 마일이나 되는 이곳에 나를 보낸 게 아니다. 그들은 결승선에 서라고 나를 보낸 것이다."

1968년 멕시코 올림픽 마라톤 경기에 참가한 탄자니아 선수 존 스티븐 아콰리가 한 말이다. 그는 다른 선수들과 뒤엉켜 넘어지는 바람에 다리를 심하게 다쳤다. 하지만 피를 흘리면서도 포기하지 않고 결승선까지 내달렸다.

에디슨은 '많은 인생의 실패자들은 포기할 때 자신이 성공에서 얼마나 가까이 있었는지를 모르는 사람들이다'라고 말했으며 호주 태생의 희망 전도사 닉 부이치치는 '실패가 계속되더라도 절대 포기하지 마라. 모든 실패는 성공에 다가가는 계단이기 때문이다'라고 말했다.

야구는 9회 말 2아웃부터라고 한다. '끝날 때까지 끝난 게 아니다'라고도 한다. '당겨 놓은 화살을 놓을 수 없다'는 속담도 있다. 우리의 인생도 마찬가지다. 마지막까지 포기하면 안 된다. 우리가 포기하는 순간, 행운의 여신이 우리 앞에서 눈물을 흘릴지도 모를 일이다.

스위치 메커니즘

스위치는 전기 회로를 연결하거나 차단하는 장치다. 전원 스위치를 켜야 메커니즘이 작동한다.

스위치를 켜기만 하면 세상은 대낮처럼 밝아진다. 긍정의 스위치를 켜면 부정이 긍정으로 변한다. 마찬가지로 희망의 스위치를 켜면 절망이 희망이 된다. 행복의 스위치를 켜면 불행 또한 행복이 될 수 있다.

영국 프리미어리그에서 박지성 선수는 경기장에 들어서기 전 "내가 최고다!"라고 자기 자신에게 외쳤다고 한다. 리우올림픽 남자 에페 개인전에 출전한 박상영 선수는 결승전에서 10 대 14로 뒤처져 있었다. 그는 절체절명의 상황에서 "나는 할 수 있다!"는 말을 반복해 되뇌었다. 그리고 놀랍게도 연이어 5점을 따내어 우승을 차지했다.

양궁선수들은 '뉴로피드백Neurofeedback'이라고 불리는 뇌파훈련을 한다. 그 덕분에 두뇌에서 긍정적인 뇌파가 흘러나와 시합 때도 침착함을 유지할 수 있다.

긍정의 스위치를 켜면, '반밖에'라는 부정이 '반이나'라는 긍정으로 바뀐다. 긍정적인 사고는 긍정적인 행동으로 이어지고, 긍정적인 행동은 긍정적인 삶으로 이어지기 마련이다.

패러다임:
생각을 바꾸면 인생이 달라진다

패러다임은 한 시대의 인간 사고思考를 규정하고 지배하는 규범이고 인식체계다. 또한 공동체의 구성원들이 공유하는 철학이나 신념, 가치관의 총체이기도 하다.

어느 노숙자가 기차역 광장에 앉아 구걸을 하고 있었다. 그의 옆에는 작은 팻말이 하나 놓여 있었다.

'저는 눈이 멀었습니다. 제발 도와주세요!I'm blind. Please help!'

하지만 지나가던 행인들은 그를 한번 흘깃 쳐다보고는 서둘러 발걸음을 옮겼다. 그에게 동정의 손길을 내미는 사람은 아무도 없었다. 이때 한 여성이 다가오더니 발걸음을 멈추었다. 그녀는 노숙자 옆에 놓인 팻말을 유심히 바라보았다. 그리고 팻말을 손에 들고 무언가를 쓰기 시작했다.

그녀가 떠나고 난 뒤, 상황은 극적으로 반전되었다. 사람들이 노숙자에게 관심을 보이기 시작한 것이다. 그들은 측은한 표정을 지으며 노숙자 앞에 놓인 모자에 하나둘씩 동전을 던져넣었다.

팻말에는 이렇게 적혀 있었다.

"아름다운 날이에요. 그런데 저는 볼 수가 없네요.

It's a beautiful day. And I can't see it."

팻말에 새롭게 적어넣은 글이 바로 인식의 전환이고 패러다임의 전환이다.

"당신의 말을 바꾸면, 당신의 세상을 바꿀 수 있습니다.

Change your words. Change your world."

소통의 패러다임

소통은 일방향이 아니라 쌍방향이다. 서로 주고받는 것이다. 주기만 해서도 안 되고 받기만 해서도 안 된다. 소통에서는 상대방에 대한 배려와 존중, 경청이 필수 덕목이다.

신분에 따른 차별이 엄격하던 시절의 이야기다. 두 명의 양반이 푸줏간에 들어섰다. 한 양반이 먼저 푸줏간 주인에게 말을 건넸다.

"이봐 백정, 쇠고기 한 근 줘."

이어 다른 양반도 고기를 주문했다.

"이보시게 김 씨, 나도 한 근 주시게나."

푸줏간 주인은 저울에 쇠고기 한 근을 달더니 처음 양반에게 아무 말 없이 건넸다. 다른 양반에게는 공손하게 말하며 육질 좋은 고기를 건넸다.

"어르신, 여기 있습니다."

첫 번째 양반은 왜 고기가 다르냐며 불같이 화를 냈다. 푸줏간 주인은 아무 일 아니라는 듯이 태연하게 대꾸했다.

"그쪽은 백정이 자른 거고, 이쪽은 김 씨가 자른 거라 그렇습니다요."

가는 말이 고와야 오는 말이 고운 법이다. 가는 말이 거칠면 오는 말도 거칠 수밖에 없다.

모든 대화는 경청하는 데서부터 시작한다. 경청傾聽은 귀를 기울이는 것이다. 귀를 기울이다 보면 상대방에게 좀 더 다가가게 된다. 상대방과의 거리는 좁아지고 상대방을 이해할 수 있는 지평은 넓어진다. '이청득심以聽得心'은 사람의 마음을 얻는 최고의 지혜가 경청이라는 의미다.

'1·2·3법칙'이라는 게 있다. '한 번 말하고 두 번 듣고, 세 번 생각하라'는 뜻이다. '삼사일언三思一言'은 '세 번 생각하고 한 번 말하라'는 의미다.

내가 말하는 것보다 상대방의 이야기를 듣는 게 우선이다. 『탈무드』에는 '인간에게는 입이 하나, 귀가 둘이 있다. 이는 말하기보다 듣기를 두 배 더 하라는 뜻이다'라는 말이다. 『성경』에는 '믿음은 들음에서 난다'고 쓰여 있다. 칭기즈칸은 '남의 말에 귀를 기울이면서 현명해지는 법을 배웠다'라고 했다.

배움도, 치유도, 화해도 모두 듣는 데서 시작한다. 상대방을 존중하고 상대방의 말에 귀를 기울이는 것, 바로 그것이 소통의 기본이고 본질이다.

공감의 패러다임

중국 춘추 전국 시대 때 제齊나라를 다스리던 경공景公에 관한 이야기다. 한겨울에 그는 따뜻한 궁 안에서 여우털로 만든 외투를 입고 의자에 앉아 있었다. 그리고 밖을 내다보며 재상인 안자晏子에게 말했다.

"올해는 눈이 많이 내렸는데도 봄 날씨처럼 따뜻하구려."

그 말에 안자가 정색하며 응수했다.

"옛날 어진 임금들은 자신이 배불리 먹으면 행여 누군가가 굶주리지 않을까 걱정하고, 자신이 따뜻한 옷을 입으면 행여 누군가가 얼어 죽지 않을까 걱정했습니다."

이 말을 들은 경공은 자신의 잘못을 깨닫고 백성을 돌보는 데 힘썼다고 한다.

눈보라가 몰아치는 추운 겨울날. 한 노인이 고갯마루를 넘다 기력이 다해 쓰러지고 말았다. 지나가던 사람이 노인을 발견했지만, 이내가던 길을 재촉했다. 얼마 뒤, 또 다른 사람이 노인을 발견했다. 그는 아무 주저 없이 그 노인을 등에 업고 고개를 넘었다. 힘에 부쳐 땀을 뻘뻘 흘리면서도 노인을 꼭 부여잡고 마을로 향했다. 마을에 거의 다다를 즈음, 그는 앞서가던 사람이 쓰러져 있는 광경을 보았다. 그 사람은 추위를 견디지 못하고 얼어 죽은 것이다. 노인을 등에 업은 사람은 노인의 따뜻한 체온 덕분에 살 수 있었다.

'추기급인推己及人'은 자신의 처지를 헤아려 남의 처지를 이해한다는 뜻이다. '혈구지도絜矩之道'는 자신을 척도로 삼아 남을 생각하고 살핀다는 뜻이다. '기소불욕 물시어인己所不欲 勿施於人'은 자신이 행하기 싫은 일은 남에게도 시키지 말라는 뜻이다. '역지사지易地思之'는 처지를 바꾸어 생각해 본다는 의미다. 영어로는 'Walk (a mile) in someone's shoes'라고 한다. '한번 다른 사람의 신발을 신고 걸어보라'는 것이다. 신발이 크거나 작을 수도 있고, 너무 낡아 신기조차 힘들 수도 있다.

사람과 사람 사이의 공감, 그것은 서로 신발을 바꿔 신고 함께 걸어가는 것이다. 바꿔 신기 전에는 온전히 나의 고통만 보인다. '나만 왜 발에 맞지 않는 헐렁한 신발을 신고 힘들게 걸어야 하지?' 불만만 쌓여 간다. 하지만 상대방의 작은 신발을 신어보고는 '저 사람도 이렇게 꽉 조이는 신발로 한 걸음도 내디딜 수 없었구나.' 이해하게 된다. 나의 발만 보고 걷던 인생에서 조금만 고개를 들면 힘겹게 걸어가는 수 많은 발이 보일 것이다.

동행의 패러다임

어떤 사람이 지옥을 구경하게 되었다. 때마침 식사시간이었다. 사람들의 손에는 1미터가 넘는 젓가락이 들려 있었다. 그런데 젓가락이 너무 길어 자신의 입에 음식을 넣지 못하고 허둥거리기만 했다. 이번에는 천국을 구경했다. 천국에서도 사람들은 1미터가 넘는 젓가락으로 식사를 했다. 그런데 음식을 집어 상대방의 입에 넣어 주었다. 그렇게 서로가 서로에게 음식을 먹여주었다. 지옥과 천국의 차이는 '혼자 먹느냐, 함께 먹느냐'이다.

젓가락은 짝 문화의 상징이다. 상생의 의미로도 쓰인다. 젓가락 한 개만 가지고는 무언가를 집을 수 없다. 두 개가 짝이 되어야 비로소 제 역할을 할 수 있다. 연리지連理枝는 두 나무의 가지가 서로 맞닿아 결이 통해 있는 것을 말한다. 비익조比翼鳥는 눈과 날개가 하나뿐인 암수가 짝을 이루어야 날 수 있다는 전설상의 새다.

얼마 전에 프란치스코 교황이 지식강연 TED에 깜짝 출연했다. 거기서 그는 '온유의 혁명Revolution of tenderness'이라는 주제로 강연했다. 핵심은 "우리는 모두 서로를 필요로 합니다. (…) '내'가 아닌 '우리'가 있을 때 혁명이 시작됩니다."라는 것이었다.

마더 테레사 수녀는 '나는 당신이 할 수 없는 일을 할 수 있고, 당신은 내가 할 수 없는 일을 할 수 있습니다. 따라서 우리는 함께 큰일을 할 수 있습니다.'라고 했으며, 흑인 인권운동가인 말콤 엑스는 '내가 우리로 바뀔 때, 질병조차도 건강이 됩니다When 'I' is replaced with 'We', even 'Illness' becomes 'wellness''라고 강조했다.

그렇다. 인생은 혼자 가는 게 아니라 함께 가는 것이다. 앞에서 끌어주고 뒤에서 밀면서 말이다.

긍정의 패러다임

'삼년고개'는 고개에서 넘어지면 삼 년밖에 살지 못한다고 해서 붙여진 이름이다. 어느 옛날, 할아버지가 등에 나무를 지고 고개를 넘고 있었다. 나무를 팔기 위해 이웃 마을로 가는 길이었다. 그런데 실수로 발을 헛디디는 바람에 넘어지고 말았다.

할아버지는 집으로 돌아와 대성통곡했다. 그리고는 병석에 누워 시름시름 앓기 시작했다. 며칠 뒤, 옆 마을에 사는 소년이 할아버지를 찾아왔다.

"할아버지! 한 번을 넘어지면 3년을 살 수 있다고 하셨지요? 그럼 열 번을 넘어지면 30년을 사실 수 있잖아요!"

우산을 파는 아들과 아이스크림을 파는 아들을 둔 어머니는 자식

걱정에 한시도 마음을 놓지 못했다. 왜냐하면 비가 오면 아이스크림 파는 아들이 걱정되었고, 해가 나면 우산 파는 아들이 걱정되었기 때문이다. 하지만 생각을 바꾸면 세상이 달리 보인다. 비가 올 때는 우산이 잘 팔려서 좋고, 해가 날 때는 아이스크림이 잘 팔려서 좋다.

세상에는 이런저런 법칙들이 많다. 모든 법칙은 인간이 만들어내는 것이다. 부정을 긍정으로 바꿀 수 있는 법칙, 부정을 부정해서 긍정으로 만드는 법칙, 그것이 바로 우리가 찾아내야 할 '긍정의 법칙'이다.

당신도 인생의 삼년고개에서 넘어진 적이 있는가? 한 번 넘어졌다고 두려워할 필요는 없다. 그 자리에서 툭툭 털고 다시 일어서면 그만이다. 그 삼 년은 당신의 운명을 결정짓는 삼 년이 될 수 없다. 앞으로 숱하게 넘어질 삼년고개들이 있을 것이고 반복해서 넘어질수록 더 깊고 견고한 인생을 살 수 있기 때문이다.

행복의 패러다임

벨기에의 작가 마테를링크가 쓴 「파랑새」라는 동화극이 있다. 가난한 나무꾼의 자녀인 치르치르와 미치르는 크리스마스이브날 꿈속에서 파랑새를 찾아달라는 늙은 마녀의 부탁을 받는다. 남매는 파랑새를 찾기 위해 추억의 나라와 미래의 나라로 떠나지만, 성공을 거두지 못하고 집으로 돌아온다. 그리고 꿈에서 깨어난 남매는 집에서 기르는 비둘기의 깃털 색이 파랗다는 사실을 깨닫는다. 이 작품은 행복이 먼 데 있지 않고 바로 가까이에 있다는 사실을 일깨워 준다.

한적한 바닷가에서 평화롭게 살아가는 어부가 있었다. 어느 날 투자 상담사가 찾아와 그에게 조언했다. 고기를 많이 잡으려면 큰 그물을 사야 하고, 고기가 많은 어장으로 가려면 큰 배를 사야 하고, 잡은 고기를 모두 내다 팔려면 큰 트럭을 사야 한다고 말했다. 그리고 큰돈을 벌려면 유망한 해운회사 주식에 투자를 해야 한다고 일러 주었다. 상담사의 말을 경청하던 어부가 물었다.

"그러면 뭐가 좋은가요?"

"노후에 편안하고 행복한 삶을 살 수 있습니다."

그러자 어부가 얼굴에 미소를 띠며 말한다.

"지금 나는 그런 삶을 살고 있습니다!"

"행복을 두 손에 꽉 잡고 있을 때는 그 행복을 작게 여기다가도 잡은 손을 놓은 뒤에야 비로소 그 행복이 얼마나 크고 소중했는지 알게 된다."

막심 고리키의 말이다. 프랑스의 실존주의 작가인 카뮈도 '행복이란 항상 분에 넘치는 것이기 때문에 행복을 잃는 것은 쉬운 일'이라고 말한다. 우리는 늘 건강을 잃고 난 뒤에 후회하고 행복을 잃고 난 뒤에 후회한다. 하지만 뒤늦게 후회한다고 달라지는 건 없다. 작은 행복도 소중하게 여기고 늘 감사해야 하는 이유다. 행복의 비결은 작은 일에 감사하는 것이다. 작은 감사가 모여 큰 행복을 만들기 때문이다.

'마더 테레사 효과'는 남을 돕는 활동을 하거나 남이 봉사하는 걸 보기만 해도 인체의 면역력이 강화된다는 것으로, '슈바이처 효과'라고도 한다. '헬퍼스 하이^{Helper's high}'는 선행을 베풀 때 기쁨이나 만족감이 보통 때보다 훨씬 높아지는 것을 말한다.

행복은 권력이나 명예에 비례하지 않는다. 재산에 비례하지도 않는다. 누구도 모든 걸 다 가질 수는 없다. 모든 걸 갖는다고 해서 행복해지는 것도 아니다. 그런데 사람들은 모든 걸 다 가지려고 하고, 그럼으로써 행복해질 수 있다고 믿는다. 바로 여기서 불행이 싹트기 시작한다.

인생은 혼자 소유함으로써 행복한 것이 아니라 함께 존재함으로써 행복한 것이다. 부족한 두 사람이 서로를 보듬어주고 채워주는 인생이 진정한 행복이 아닐까.

패러다임의 전환

코페르니쿠스 이전에 우주의 중심은 지구였다. 아니, 지구가 우주의 중심이어야만 했다. 그것이 기독교적인 가치관에 부합했기 때문이다. 그런데 폴란드의 천문학자 코페르니쿠스가 천체를 관측해 지동설을 주장했다. 지구가 태양 주위를 도는 하나의 행성에 지나지 않는다는 사실은 실로 엄청난 충격이었다.

마틴 루터는 고해성사를 통해서가 아니라 십자가에 대한 믿음을 통해서 구원을 얻을 수 있다고 역설했다. 링컨은 흑인이 노동의 도구인 노예가 아니라 인간의 존엄성을 지닌 자유인이라는 사실을 일깨워 주었다. 예수는 '눈에는 눈, 이에는 이'라는 보복의 법칙 대신에 '네 원수를 사랑하라'는 사랑의 법칙을 가르쳤다.

가상의 이상향인 'Utopia'가 진정 아름다운 세상 'Eutopia'로 바뀔 수 있다. 어느 곳에도 존재하지 않았던 'Nowhere'가 바로 지금 여기 존재하는 'Now here'로 바뀌는 것이다. 부정의 'No'는 앞뒤를 바꾸면 긍정의 'On'이 된다.

물구나무를 서면 세상이 거꾸로 보인다. 패러다임을 바꾸면 내가 바뀌고 세상이 바뀐다. 새로운 눈으로 바라보는 세상은 분명 이전과는 다른 새로운 세상이 되지 않겠는가.

인생의 지혜를 담은 말 II

◆ 그렇기 때문에 사는 게 아니라 그럼에도 불구하고 살아야 하는 게 인생이다.

◆ 인생은 떵떵거리며 사는 게 아니라 당당하게 사는 것이다.

◆ 술 한 잔을 마시면 자유를 얻지만, 술 한 병을 마시면 자유를 잃는다.

◆ 귀에 담는 것보다 눈에 담는 게 낫고, 눈에 담는 것보다 마음에 담는 게 낫다.

◆ 바다가 끝나는 곳이 육지가 시작되는 곳이고, 육지가 닫히는 곳이 바다가 열리는 곳이다.

◆ 섬은 작은 대륙이고, 대륙은 큰 섬이다.

◆ 호수는 작은 바다이고, 바다는 큰 호수다.

◆ 작은 떨림에도 큰 울림으로 반기는 메아리처럼 인생을 살아야 하지 않겠는가.

◆ 기름 한 방울과 땀 한 방울이 무게로 비교되는 건 아니다.

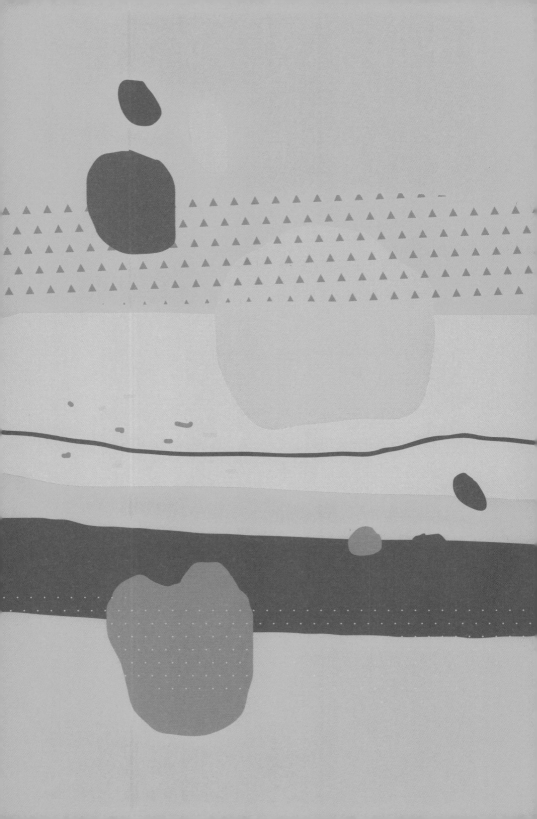

어떻게
살아갈
것인가

_____ 3장

하나와 또 다른 하나의 동행

기업에 경제적 가치와 공익적 가치를 동시에 추구하는 마케팅이 있다. 바로 '코즈 마케팅Cause marketing'이다. 대의명분Cause과 마케팅Marketing을 합친 말이다. 소비자의 구매가 기업의 기부 활동으로 연결되는 '착한 소비' 전략이다. 기업이 환경이나 빈곤 같은 사회문제를 해결하면서 동시에 이윤을 추구할 수 있다.

CJ제일제당은 '세계 물의 날'을 맞이해 '미네워터 바코드롭BARCODROP' 캠페인을 벌였다. 생수병에 부착된 물방울 모양의 바코드를 찍으면 일정액이 기부되는 방식이다. 이 행사를 통해 아프리카 어린이들에게 깨끗한 물을 제공할 수 있었다.

글로벌 기업 '탐스TOMS'는 '내일의 신발Tomorrow's Shoes'의 약자다. 이 회사의 창립자인 블레이크 마이코스키는 아르헨티나를 여행하다가 맨발로 돌아다니는 어린이들이 많다는 사실을 알게 되었다. 그래서 그는 아이들이 신발을 신고 다닐 수 있게 해주기로 결심한다. 신발 한 켤레를 사면, 가난한 아이들에게 신발 한 켤레를 제공해 준다. 안경을 사면, 시각장애인에게 치료비와 수술비를 지원해 준다. 그리고 커피를 사면, 물이 부족한 지역에 생수를 공급해 주는 것이다.

세계인구 78억 명 가운데 10억 명은 비만과 과체중에 시달리고, 10억 명은 기아에 허덕인다. 그야말로 누군가는 살쪄서 죽어가고 누군가는 굶어서 죽어간다. '둘을 위한 식탁Table for Two'은 이런 생존의 모순을 극복하기 위한 프로젝트다. 선진국에 사는 참여자가 열량을 낮춘 식단으로 식사를 하면, 일정액이 적립되어 개발도상국의 아이들에게 무상급식이 제공된다.

자신의 건강도 챙기고 가난한 이웃도 돕는 '윈윈전략'이다. 이를 통해 선진국의 비만 문제와 후진국의 빈곤 문제를 동시에 개선할 수 있고, 식량 불균형도 해소할 수 있다. 한 사람의 밥값으로 두 사람이 같이 먹는 식탁, 그래서 모두 건강하고 행복할 수 있는 식탁이다. 그야말로 '착한 식탁'인 셈이다.

이제 세상은 동맹, 공생, 공존을 외친다. 강자만이 살아남는 약육강식의 세계에서 강자만 살아남아도 결국엔 그 무리 중에 또다시 강자를 뽑기 위해 피비린내 나는 전쟁을 벌여야만 한다. 하지만 이제 인류는 생존싸움이 허무하고 어리석었다는 걸 깨달았다. 이제는 같이 가야 한다. 손을 잡고 나는 왼쪽을 살피고 상대는 오른쪽을 살피며 주위를 둘러보며 걸어야 한다. 너와 내가 이젠 적수가 될 수 없고 두 발보다 네 발이 더 많은 걸음을 걸을 수 있음을 알게 됐다.

무지개가 아름다운 건
함께 어우러지기 때문이다

아집과 편견, 독선을 상징하는 의미로 '프로크루스테스의 침대'가 쓰인다.

그리스 신화에 등장하는 프로크루스테스는 아테네 교외 강가에 거처하면서 지나가는 나그네를 자신의 집으로 초대한다. 그리고 손님을 침대에 눕히고는 손님의 다리가 침대의 길이보다 짧으면 늘여 죽이고, 길면 잘라 죽인다. 하지만 결국에는 자신도 자기가 저지른 똑같은 방식으로 영웅 테세우스에게 죽임을 당한다.

우리는 이중 잣대에 길들여 있다. '내가 하면 로맨스, 남이 하면 스캔들', '내가 하면 투자, 남이 하면 투기', '내가 하면 집념, 남이 하면 집착'이다. 자기 눈의 들보는 깨닫지 못하고, 남의 눈의 티끌을 흉보는 데 익숙하다.

우리말에서 '오른쪽'과 '옳은 쪽'은 본질적으로 뿌리가 같다. 영어의 'Right'도 '오른쪽'이면서 동시에 '옳은 쪽'이다. 불어의 'Droit'도 '오른쪽'이 '옳은 쪽'이다. 독일어에서도 'Recht'는 '오른쪽'과 '옳은 쪽' 모두를 가리킨다. 라틴어도 그렇고 한자도 그렇다. 일본어도 중국어도 마찬가지다. 심지어 우리는 오른손을 '바른손'이라고도 한다. 오른손이 옳은 손이고 바른손인 것이다. 동서양을 막론하고 예로부터 오른손잡이가 많았기 때문에 다수의 논리에 따라 '오른쪽'을 '옳은 쪽'이라고 규정하지 않았을까.

우리는 우리의 피부색을 '살색'이라고 부른다. 하지만 이는 자기중심적인 사고에 기인한다. 흑인의 살색은 검고 백인의 살색은 희다. 우리의 피부색은 살색이 아니라 살구색이다.

무지개가 아름다운 건 여러 색이 자신의 고유한 빛깔을 유지하면서도 함께 어우러지기 때문이다. 차이가 차별을 정당화해서도 안 되고 정당화할 수도 없다. 다름은 인정되고 존중되어야 한다.

망치를 든 평화주의자

《히든 피겨스Hidden Figures》는 차별과 편견에 맞선 흑인 여성 과학자들의 삶을 조명한 영화다. 미항공우주국NASA에서 일하는 그들은 흑인이라는 이유로 백인 연구원들이 참석하는 회의에 들어가지 못했다. 연구실에서 커피를 같이 마시는 것도 허락되지 않았고 화장실을 함께 이용할 수도 없었다.

영화의 무대는 1960년대 미국 버지니아주. 당시에는 학교나 도서관, 병원이 흑백으로 분리되어 있었다. 화장실이나 버스도 예외는 아니었다. 그러던 어느 날, 한 백인 연구책임자가 망치를 들고 유색인 전용 화장실의 팻말을 때려 부수며 말했다.

"여기 나사에서는 우리 모두 같은 색깔의 소변을 봅니다.

Here at NASA we all pee the same color."

공존은 다름을 인정하는 데서 시작된다

『걸리버 여행기』는 영국 작가 조나단 스위프트가 지은 풍자 소설이다.

주인공 걸리버는 항해 도중 폭풍우를 만나 정처 없이 떠돌아다니며 진기한 경험을 한다. 소인국에서는 부족 간의 전쟁에 끼어들게 된다. 한 부족은 삶은 달걀을 뾰족한 쪽부터 깨야 한다고 믿고, 다른 부족은

둥근 쪽부터 깨야 한다고 믿는다. 달걀을 깨는 취향 차이 때문에 수차 례 반란이 일어나고 수많은 사람이 목숨을 잃는다.

『밤을 사랑한 원숭이 낮을 사랑한 원숭이』에서 해몽이와 달몽이 원숭이는 습성이나 식성이 너무 다르다. 주행성인 해몽이는 낮에 활동하고 밤에 잔다. 야행성인 달몽이는 밤에 활동하고 낮에 잔다. 우연한 기회에 해몽이는 달몽이를 통해 밤의 세계를 경험하게 된다. 해몽이에게 밤의 세계는 무척 놀랍고 신기했다. 달몽이도 해몽이 덕분에 낮설고 신비로운 낮의 세계를 경험한다. 이렇게 두 원숭이는 서로 다른 세계를 알게 되고 서로를 잘 이해하게 된다.

대륙의 끝은 바다이고, 바다의 끝은 대륙이다. 그리고 대륙의 끝에서 바다가 시작되고, 바다의 끝에서 대륙이 시작된다. 바다는 큰 호수이고 호수는 작은 바다이다. 그리고 대륙은 큰 섬이고 섬은 작은 대륙이다.

영어로 'Agree to disagree'라는 표현이 있다. 'Agree to differ'라고도 한다. '의견의 차이를 인정하다', '다를 수 있음을 인정하다'로 해석할 수 있다.

공존은 다름을 인정하는 데서 시작된다. 모든 존재의 본질은 같다. 다만 보는 시각에 따라 다르게 보일 뿐이다.

혼자 가느냐 함께 가느냐

부모는 멀리 보라 하고, 학부모는 앞만 보라 합니다.

부모는 함께 가라 하고, 학부모는 앞서가라 합니다.

부모는 꿈을 꾸라 하고, 학부모는 꿈꿀 시간을 주지 않습니다.

당신은 부모입니까, 학부모입니까?

부모의 모습으로 돌아가는 길, 참된 교육의 시작입니다.

어느 텔레비전 공익광고의 내용이다. '혼자 가면 빨리 가고, 함께 가면 멀리 간다'고 한다. 인생은 단거리경주가 아니라 마라톤이다. 짧은 시간에 승부를 겨루는 게 아니다. 오랜 인고의 시간을 이겨내고 마침내 목적지에 이르는 것이다.

마라톤에는 페이스메이커도 있고 가이드러너도 있다. 페이스메이커는 다른 선수들이 속도를 조율하여 대회에서 좋은 기록을 낼 수 있도록 도와주는 사람이고, 가이드러너는 시각장애인 선수가 방향을 잃지 않게 도와주는 사람이다. 이들에게 달리기는 경쟁이 아닌 협력이다.

우스갯소리로 싱가포르 사람들은 모든 걸 정부의 결정에 따른다고 하고 아랍에서는 신의 뜻대로 한다고 하고, 우리나라는 부모가 시키는 대로 한다고 한다. 어쩌면 우리 아이들은 자신의 삶이 아니라 부모의 삶을 대신 살고 있는 건지도 모른다. 아이들은 부모에게 종속된 존재가 아니다. 아이와 연결된 탯줄을 떼는 순간 이미 나와 다른 인생, 아이만의 인생을 살 수 있는 권리를 지닌 것이다. 그저 부모는 먼 발치에서 아이가 흔들릴 때마다 손을 잡아주며 자신의 길을 멋지게 가도록 응원하면 된다.

평생 학습자로 살아가다

인간은 평생 배운다. 가정에서도 배우고 학교에서도 배우고 사회에서도 배운다. 일찍 조기유학을 떠나는 사람도 있고, 늦은 나이에 만학의 즐거움을 만끽하는 사람도 적지 않다. 쪽잠을 자면서도 시간을 쪼개어 배운다. 배움을 통해 얻는 기쁨이 그만큼 크고 달기 때문이다. 그런데 일상이 반복되고 같은 자리에 오래 있다 보면, 권태를 느끼고 타성에 젖게 된다. 그럴 때는 새로운 자극이나 동기부여가 필요하다. 새로운 기술이나 지식을 배워야 한다. 외부의 변화에 민첩하게 대응할 수 있는 능력도 키워야 한다. 새로운 변화를 거부하거나 회피해서는 안 된다.

GE의 CEO였던 잭 웰치는 '언제나 어디서나 누구에게서나Anytime anywhere and from anyone 배운다'라고 말했다. 인간은 '평생 학습자Life-long learner'로 살아가야 한다는 게 그의 지론이다.

나는 놀이터에서 뛰노는 아이들에게서 배운다. 공원 벤치에 앉아 있는 노인에게서도 배우고, 새벽에 길거리를 청소하는 환경미화원에게서도 배운다. 그리고 장애아를 돌보는 자원봉사자에게서도 배운다. 온 세상이 배움터이고, 모든 사람이 나의 스승인 것이다.

배움과 가르침은 하나

'청출어람青出於藍'이라는 말이 있다. 쪽에서 뽑아낸 푸른 물감이 쪽보다 더 푸르다는 뜻이다. 제자가 스승보다, 후배가 선배보다 더 나을 수 있다는 의미다. '후생가외後生可畏'는 젊은 후학들이 참으로 훌륭하기에 두려워할 만하다는 뜻이다. '불치하문不恥下問'은 자신보다 학식이나 지위가 낮은 사람에게 묻는 걸 부끄러워하지 않는다는 뜻이다.

이와 비슷한 의미로 '공자천주孔子穿珠'가 있다. 공자가 아홉 구비 구멍이 있는 구슬에 실을 꿰려고 했지만, 마음대로 되지 않아 애를 먹었다. 그때 뽕밭에서 뽕을 따던 아낙네가 다가와 그에게 구슬 꿰는 방법을 가르쳐 주었다. 개미의 허리에 실을 묶어 구슬의 한쪽 구멍에 넣고, 다른 쪽 구멍에는 달콤한 꿀을 발라 개미를 유인하면 된다는 것이다.

'삼인행 필유아사三人行必有我師'라는 말은 세 사람이 함께 길을 가면, 그들 가운데 반드시 나의 스승이 있다는 뜻이다. 타인의 좋은 점은 본받고 좋지 않은 점은 고치면 된다. 이 세상 모든 사람이 나의 스승이 될 수 있다.

'타산지석他山之石'은 다른 산에 있는 나쁜 돌도 내가 가진 옥돌을 가는 데 쓸 수 있다는 뜻이다. '학연후지부족 교연후지곤學然後知不足 教然後知困'은 '배운 뒤에야 부족함을 알고, 가르친 뒤에야 곤궁함을 안다'는 뜻이다. 배움에서도 가르침에서도 깨달음을 얻을 수 있다.

'줄탁동시啐啄同時'는 병아리가 알에서 나오기 위해서는 어미 닭이 밖에서 쪼고, 병아리가 안에서 쪼며 서로 도와야 한다는 뜻이다. 이처럼 어떤 목적을 이루기 위해서는 내부적인 의지와 외부적인 도움이 조화를 이루어야 한다.

누구나 나의 스승이 될 수 있고 나의 제자가 될 수 있다. 나 또한 누군가의 스승이 될 수 있고, 누군가의 제자가 될 수 있다. 서로가 서로에게 스승과 제자가 될 수 있는 세상, 참으로 아름다운 세상이 아닐까.

소통하는 법

'다가가라.'

누구라도 먼저 다가가야 한다. 상대방이 나를 알아보기를 바라지 말고, 나에게 말을 걸어 주길 바라지 마라. 굳이 헛기침하거나 애써 눈치를 살피지도 마라. 먼저 본 사람이 반갑게 다가가 손을 내밀면 그만이다. 후배면 어떻고, 동생이면 어떤가. 만나서 반가운데 굳이 기다릴 필요가 있겠는가.

'맞추어라.'

상대방과 눈을 맞추어야 한다. 눈높이를 맞추는 것도 중요하다. 어린아이에게는 어린아이의 언어로, 어르신에게는 어르신의 언어로 이야기해야 한다. 상대방의 수준에 맞게 이야기해야 상대방이 온전히 이해할 수 있다.

소통은 상대방의 기분이나 비위를 맞추는 게 아니라 눈을 맞추고 눈높이를 맞추는 것이다.

'열어라.'

눈을 열고 귀를 열고 마음을 열어야 한다. 눈을 열어야 눈여겨볼 수 있고, 귀를 열어야 귀 기울여 들을 수 있다. 그리고 마음의 문을 열어야 마음과 마음이 서로 이어질 수 있다.

'나누어라.'

소통은 서로 나누는 것이다. 서로의 생각이나 감정을 주고받는 것이다. '내 것'과 '네 것'으로 나누는 게 아니라 함께 나누어 '우리 것'으로 만드는 일이다. 기쁨은 나누면 배가 되고, 슬픔은 나누면 반이 된다. 모든 걸 나눌 수만 있다면, 피를 나눈 형제보다 더 가까운 사이가 될지도 모를 일이다.

진정한 어른이 되기 위한 5단계

'**자기암시**'는 자신에게 긍정적인 신호를 반복적으로 보내는 일이다. 자신에 대한 믿음, 자신감을 불어넣는 일이다.

'**자기반성**'은 자신의 언행에 대해 스스로 돌아보고 성찰하는 일이다. 잘못된 부분은 고치고, 부족한 부분은 채워 넣는 일이다.

'**자기계발**'은 자신의 내재적인 능력이나 성향을 일깨우고 발전시키는 일이다.

'**자기통제**'는 자신을 스스로 제어하는 일이다. 이를 위해서는 확고한 도덕 규범이나 강력한 실천 의지가 필요하다.

'**자기실현**'은 자아의 본질을 온전하게 실현하는 일이다. 우리가 추구하는 가치는 궁극적인 목적으로서의 자기실현이 아닐까 싶다.

멘토가 필요할 때

그리스 신화에 나오는 영웅 오디세우스는 이타카의 왕이다. 그는 트로이 원정을 떠나기 전, 아들 텔레마코스를 친구인 멘토르에게 부탁한다. 멘토르는 20여 년 동안 텔레마코스의 아버지이자 스승이자 어른으로서의 역할을 충실하게 수행한다. 그 덕분에 텔레마코스는 훌륭한 청년으로 성장한다.

여기서 유래한 멘토Mentor는 '한 사람의 인생을 지혜와 신뢰로 이끌어 주는 사람'을 뜻하는 단어다. 사회조직에서는 후배들에게 조언과 상담을 하고 도움을 주는 사람으로 정의할 수 있다. 도움을 받는 사람은 '멘티Mentee' 또는 '프로테제Protégé'라고 한다.

우리는 어느 순간에 멘토를 원할까? 한 대기업의 설문 조사에 따르면, '중요한 결정을 내릴 때'라는 응답이 가장 많았다. '불확실한 미래가 두려울 때', '지식이나 요령이 부족할 때', '마음속 이야기를 털어놓고 싶을 때'라는 답이 뒤를 이었다.

이 시대는 참된 스승이 부재한 시대, 참된 어른이 부재한 시대라고 한다. 지금 이 시대에 진정으로 믿고 따를 수 있는 '참된 멘토'가 필요하다고 느끼는 건 나만은 아닐 것 같다.

멘토피아

'에덴동산'은 『구약성경』「창세기」에 나오는 지상낙원이다. 인류의 시조인 아담과 하와가 하나님의 명을 거슬러 추방되기 전에 거주하던 곳이다. 영국의 시인 밀턴은 대서사시 『실낙원失樂園』에서 에덴동산의 설화를 바탕으로 인류의 타락과 구원을 그려냈다.

『유토피아』는 르네상스 시대에 영국의 인문주의자인 토머스 모어가 집필한 소설이다. 이 작품을 통해 그는 사회의 부조리와 비참한 현실을 고발하고 평등한 세상을 꿈꾸었다. '엘도라도'는 16세기 에스파냐인들이 남아메리카의 아마존에서 찾고 싶어 했던 황금향黃金鄕이다. '샹그릴라'는 제임스 힐턴의 소설 『잃어버린 지평선』에 나오는 이상향이다. 도연명은 『도화원기桃花源記』에서 '무릉도원'이라는 이상향의 세계를 묘사했다.

『홍길동전』에도 이상향이 그려지고 있다. 주인공 홍길동은 재상가의 서얼로 태어나 신분상의 차별을 경험한다. 그는 불평등한 봉건 계급사회에 맞서기 위해 활빈당活貧黨을 조직하고, 이상국가인 율도국을 건설한다. 한문 소설 『허생전許生傳』에는 집 안에 틀어박혀 책만 읽던 허생이 아내의 등쌀에 못 이겨 거리로 나선다. 그는 장안의 갑부인 변

부자를 찾아가 돈을 빌린 뒤, 뛰어난 장사 수완으로 막대한 부를 축적한다. 그리고 나라의 골칫거리인 변산의 도적들을 이끌고 무인도로 들어가 이상적인 공동체 '율도국'을 구현해 낸다.

플라톤은 그의 저서 『국가』에서 이상국가를 실현하기 위한 대안으로 진리와 선을 추구하는 '철인哲人 정치'를 주장했다.

유토피아는 '어디에도 없는 곳'일 수도 '어디에나 있는 곳'일 수도 있다. 'Nowhere'일 수도 'Now here'일 수도 있다.

누구나 유토피아를 꿈꾼다. 나에게 유토피아는 향긋한 복숭아꽃이 만발한 곳도, 산해진미가 넘치는 곳도, 안빈낙도의 삶을 살 수 있는 곳도 아니다.

내게 유토피아는 멘토피아다. 서로서로 인정하고 존중하는 세상, 서로 밀어 주고 끌어 주는 세상, 서로의 꿈을 함께 이루어 가는 세상. 서로가 서로에게 멘토가 되고 멘티가 되어 주는 세상, 그곳이 바로 유토피아인, 멘토피아다.

그림자를 판 사나이

프랑스 태생의 독일 작가 아델베르트 폰 샤미소가 쓴 소설『그림자를 판 사나이』라는 이야기다.

주인공 페터 슐레밀은 우연한 기회에 어느 부유한 상인의 사교모임에 참석하게 된다. 거기서 그는 회색 옷을 입은 남자를 만났는데 그 남자는 누군가 소원을 말하면, 즉시 자루 속에서 원하는 물건을 꺼내준다. 그 남자는 슐레밀의 그림자와 이 마법의 자루를 맞바꾸자고 제안한다. 이를 받아들여 자신의 그림자를 판 슐레밀은 마법의 자루 덕분에 주위 사람들의 존경과 부러움을 한몸에 받으며 호화로운 생활을 즐긴다.

하지만 얼마 지나지 않아 그림자 없이는 사회생활을 할 수 없다는 사실을 깨달았다. 이때부터 그의 비극이 시작되었다. 사람들은 그를 백작이라고 추앙하지만, 정작 그는 그림자 때문에 하인의 도움 없이는 한 발짝도 밖으로 나갈 수가 없었다. 그가 사랑하는 여인에게도 다가가지 못하고 주위를 맴돌 뿐이었다.

어느덧 계약한 1년이 지나고 회색 옷을 입은 남자가 다시 나타났다. 이번에는 자신에게 영혼을 팔면 그림자를 되돌려주겠노라고 제안을 해왔다. 하지만 슐레밀은 단호하게 거절했다. 그리고 고물상에서 얻은 낡은 장화를 신고 전 세계를 돌아다니며 자연과학 연구에 몰두한다.

이 소설은 자본주의가 태동하던 시기에 쓰였다. 그래서 황금만능주의와 천민자본주의에 대한 날카로운 비판을 담고 있다. 속물적인 인간 욕망과 정체성의 혼란에 대한 문제 제기는 시공을 초월해 지금도 유효하다고 하겠다.

인간은 눈앞의 이익 때문에 앞을 못 보는 경우가 많다. 하지만 그 순간적인 이익은 얼마 지나지 않아 내 발목을 잡는다. 정신을 차리고 눈을 떴을 때 손에 쥔 금덩이는 더 이상 예전의 가치를 지니지 못한다. 나를 빛내줄 것이라 여겼던 것은 나와 어울리지 못하고 늘 내곁에서 나를 지키던 가치는 이미 내 손을 떠난 뒤다. 이것이 바로 인간의 어리석음을 꾸짖는 우화가 시대를 불문하고 넘쳐나는 이유이다.

인생에서 금지된 것과 허용된 것

'칼리굴라 효과'라는 말이 있다. 하지 말라고 하면 오히려 더 하고 싶어 하는 인간심리를 가리킨다.

미국 동북부에 위치한 보스턴은 매우 보수적인 도시다. 그래서 지나친 폭력성과 선정성 때문에 세간에 논란이 된 《칼리굴라》 영화 상영이 금지되었다. 그러자 호기심을 참지 못한 시민들이 영화가 상영되는 가까운 도시로 몰려들었다.

『구약성경』「창세기」에서 아담과 이브는 뱀의 달콤한 유혹에 빠져 사과를 먹지 말라는 하나님의 명령을 어긴다. 그리고 벌을 받아 지상 낙원인 에덴동산에서 쫓겨난다. 아브라함의 조카인 롯에 관한 이야기도 있다. 롯의 가족이 사는 소돔은 향락과 탐욕으로 타락한 도시다. 그래서 하나님의 노여움을 받아 불과 유황으로 멸망하게 된다. 롯은 서둘러 가족과 함께 도시를 벗어나려고 한다. 하지만 그의 아내는 뒤를 돌아보지 말라는 천사들의 명령을 어기는 바람에 소금기둥으로 변하고 만다.

그리스신화의 오르페우스는 독사에 물려 목숨을 잃은 아내 에우리디케를 데려오기 위해 죽음의 세계로 내려간다. 오르페우스의 음악에

매료된 명부冥府의 신 하데스는 그에게 아내를 데려가도 좋다고 허락한다. 그리고 지상에 다다를 때까지 그의 뒤를 따르는 에우리디케를 돌아보면 안 된다고 경고한다. 하지만 오르페우스가 뒤를 돌아보는 바람에 에우리디케는 다시금 지하세계에 갇히게 된다.

우리나라에 '장자못' 설화라는 게 있다. 옛날 어느 마을에 마음씨 고약한 부자 영감 장자가 살고 있었다. 하루는 그가 외양간에서 쇠똥을 치우고 있는데, 스님이 찾아와 시주를 청했다. 인색하기로 소문난 장자는 쇠똥을 퍼서 스님의 바랑에 집어넣었다. 부엌에서 그 광경을 지켜보던 며느리가 스님에게 조용히 다가가 쌀을 퍼주며 시아버지의 무례함을 용서해달라고 빌었다. 그러자 스님은 며느리에게 지금 당장 집에서 나와 산으로 도망가라고 말했다. 그리고 어떤 일이 있더라도 절대 뒤를 돌아봐서는 안 된다고 단단히 일러주었다. 하지만 갑자기 집안일이 궁금해진 며느리는 산중턱에 이르러 그만 뒤를 돌아보고 말았다. 그 순간, 며느리는 딱딱한 바위로 변해버렸다.

'금지된 것만이 욕망을 충족시킨다'는 말이 있다. 그런데 그 욕망이 다시금 자신을 옭아매는 족쇄가 된다는 사실은 간과하기 쉽다. 프랑스에서는 금지된 것은 허용된 것이나 마찬가지라는 우스갯소리가 있다. 러시아에서는 허용된 것도 금지된 것이나 마찬가지라고 한다. 독일에서는 문서로 증명할 수 없으면 모두 금지된 것이나 다름없다고 한다.

그렇다면 우리나라의 현실은 어떨까. 어쩌면 우리는 허용된 것과 금지된 것의 경계를 넘나들며 목숨을 건 줄타기를 하고 있는지도 모른다.

인생은 고르기와 엮기의 연속이다

인생은 '고르기'와 '엮기'의 연속이라고 할 수 있다. 인간의 모든 행위가 고르기와 엮기로 이루어져 있기 때문이다. 말을 할 때도 적절한 단어를 고르고 어법에 맞게 단어를 엮는다.

글을 쓸 때도 주제를 선택한 다음, 목차를 설정하고 그에 맞추어 글을 엮어나간다. 공부할 때도 전공을 선택하고 여러 과목을 잘 엮어 학점을 취득한다. 연애할 때도 마찬가지다. 마음에 드는 이성을 고른 뒤에 함께 아름다운 사랑을 만들어가는 것이다. 제대로 고르지 않으면 아무리 잘 엮으려고 해도 마음대로 되지 않는다. 그리고 잘 골랐다고 해도 정성껏 엮지 않으면 바라는 대로 이루어지지 않는다.

인생에서 중요한 건 선택이다. 그리고 선택보다 더 중요한 건 책임이다. '제멋대로' 골라 놓기만 하고 '제대로' 엮지 않는 사람은 무책임한 사람이다. 고르고 엮는 건 씨줄과 날줄로 표현될 수 있다. 모든 섬유조직이 씨줄과 날줄로 그럴듯한 카펫 한 장을 만들어내듯이 고르고 엮는 작업 역시 인생이라는 작품을 만들기 위해 씨줄과 날줄의 협공으로 이루어지는 것이다. 잘 고른 씨줄과 잘 엮인 날줄이 만들어낸 조합이 멋진 인생을 엮어낸다.

인생의 달인

달인達人이란 사물의 이치를 통달했거나 어느 특정한 분야에서 뛰어난 역량을 지닌 사람을 일컫는다. 《생활의 달인》이라는 텔레비전 프로그램이 방영된 적이 있었다. 수십 년간 한 분야에 종사하면서 열정과 노력으로 달인의 경지에 이른 사람들의 이야기를 담은 시사교양 프로그램이다.

그런데 세상에는 생활의 달인과는 전혀 종種이 다른 추악한 달인들도 많다. 사기의 달인, 싸움의 달인, 욕설의 달인, 투정의 달인, 궤변의 달인들이다. 반면에 아름다운 달인들도 있다. 봉사의 달인, 포용의 달인, 배려의 달인, 선행의 달인, 기부의 달인.

여러분은 어떤 달인이 되고 싶은가. 후세에 어떤 달인으로 기억되고 싶은가. 나는 '인생의 달인'이 되고 싶다.

떵떵거리지 않고 당당하게 사는 사람, 비굴하지 않으면서 겸손한 사람, 빠르게 가기보다 바르게 가려고 애쓰는 사람, 좌로나 우로 치우치지 않는 사람, 더할 건 더하고 뺄 건 뺄 줄 아는 사람, 소소한 행복을 신의 축복이라 여기며 날마다 감사하는 사람, 그런 사람이 되고 싶다.

'토'하는 사회에서 '토론'하는 사회로

대학의 MT 문화가 달라지고 있다. 술 먹고 '토'하는 MT에서 술 안 먹고 '토론'하는 MT로 탈바꿈하고 있는 것이다.

어느 대학 총학생회는 주량에 따라 방을 배정한다. 마시기 싫은 학생에게는 '술 강권 금지 팔찌'를 나눠준다. 다른 대학 학생들은 콜라와 사이다를 마시면서 토론에 열을 올린다.

'술 마시는 방', '술 없는 방', '술 쉬는 방'을 따로 만들어놓는 학생회도 있다. 술을 못 마시는 학생들은 술 없는 방에서 과자를 먹으며 보드게임을 즐긴다.

어느 대학 양성평등센터는 '존중 팔찌'를 2000개 제작해 학생들에게 나눠준다. 이 팔찌를 찬 사람에게는 술을 권하지 말라는 의미다. 주량을 색깔로 나타내는 팔찌를 만들어 배포하는 학생회도 있다.

주량은 사람에 따라 다르다. 누구는 소주 1병을 마시고도 멀쩡하지만, 누구는 소주 1잔을 마시고도 얼굴이 뻘게지고 몸도 제대로 가누지 못한다. 소주 1잔으로 행복해하는 사람에게 소주 1병을 마시게 하는 건 분명 '죄악'이다. 누구에게도 남에게 불행을 강요할 권리는 없다.

100미터 경주에서 누구는 10초대에 달릴 수도 있고 누구는 20초대에 달릴 수도 있다. 중요한 건 최선을 다해 달리는 것이다. 그리고 서로 인정해 주는 것이다.

민주사회에서는 타인에 대한 존중과 배려가 무엇보다 소중하다. 그래야 술 먹고 '토'하는 문화에서 건전하게 '토론'하는 문화로 거듭날 수 있지 않을까.

인생의 지혜를 담은 말 III

◆ 쭉정이를 모은다고 알곡이 되는 건 아니다.

◆ 들숨과 날숨의 합은 언제나 같다.

◆ 배고파서 죽는 사람은 불쌍한 사람이고, 배불러서 죽는 사람은 어리석은 사람이다.

◆ 나무의 잎에 돋친 가시는 자신을 보호하지만, 사람의 입에 돋친 가시는 자신을 파멸시킨다.

◆ 건망증 환자는 기억해야 할 걸 금방 잊고, 강박증 환자는 잊어야 할 걸 오래 기억한다.

◆ 쓰레기통을 없앤다고 쓰레기가 없어지는 건 아니다.

◆ 남부럽지 않은 인생보다 남부끄럽지 않은 인생을 살아야 한다.

◆ 인생은 빠르게 가는 게 아니라 바르게 가는 것이다.

◆ 영화의 상영시간과 관객의 감동이 비례하는 건 아니다.

◆ 불신보다 위험한 건 과신이고, 과신보다 위험한 건 맹신이다.

살아가는 데 필요한 몇 가지 지혜

___ 4장

타인의 고통을 즐기는 '쌤통의 심리'

독일어로 '샤덴프로이데 Schadenfreude'라는 말이 있다. 'Schaden'은 손실이나 손해, 'Freude'는 기쁨을 뜻하는데 두 단어를 합친 샤덴프로이데는 타인의 고통을 보며 행복해하는 심리를 일컫는다. 한마디로 '쌤통'의 심리다. 우리말에는 '사촌이 땅을 사면 배가 아프다'는 속담이 있다. 사촌이 아니라 남이 땅을 사도 배가 아프다.

타인의 불행을 즐기는 이 고약한 심리는 어디에서 오는 걸까. 인간의 내면에는 남의 불행을 기대하는 심리가 자리 잡고 있다. 자아에 대한 존중감이 약하거나 타인에 대한 열등감이 강한 경우에 그렇다.

일본의 한 대학병원에서 임상실험을 통해 타인의 불행을 보며 즐거워하는 인간의 심리를 증명했다. 실험 참가자들은 남의 성공 사례를 들을 때 고통을 느끼고, 실패 사례를 들을 때는 기쁨을 느끼는 뇌 반응을 보였다. 남의 불행을 맛있는 음식을 먹을 때 느끼는 만족감처럼 받아들인다는 것이다.

하버드대학교의 어느 심리학과 교수가 진행한 연구에서도 마찬가지였다. 내가 부러워하는 사람이 길에서 돈을 주웠다는 것보다 흙탕물에 옷을 버렸다는 말에 더 즐거워했다는 것이다.

영국 리즈대학교와 요크대학교의 연구에서는 실직한 사람들이 자기 주변에 실업자가 많을수록 행복도가 높아지는 현상을 보였다. 실직자의 열등감이 타인의 불행에 기쁨을 느끼도록 한 것이다. 네덜란드 라이덴대학교의 연구진도 자존감이 낮은 사람일수록 '샤덴프로이데'가 강하다는 사실을 확인했다.

인도 우화에 어느 농부에 관한 이야기가 나온다. 하루도 쉬지 않고 열심히 일한 농부의 논에 풍작이 들었다. 그런데 자신의 논 아래 있는 다른 농부의 논도 황금빛으로 물들어 있는 게 아닌가. 농부는 자신의 논에서 흘러간 물 덕분에 그 농부가 이득을 본 거라고 생각했다. 그래서 물이 흘러내리지 않도록 둑을 단단히 쌓고 수로를 막아 버렸다. 그러자 다음 해에는 고인 물이 썩는 바람에 자기 논의 벼까지 모두 죽어 버리고 말았다.

영국의 어느 소도시에서 주민들을 대상으로 설문 조사가 이루어졌다.

"내가 300만 원을 받고 다른 사람이 450만 원을 받는 경우, 내가 150만 원을 받고 다른 사람이 100만 원을 받는 경우, 이 둘 가운데 어느 걸 선택하겠는가?"

주민 대부분은 후자, 즉 자신의 급여가 적더라도 남들보다 더 받기를 원했다고 한다.

자신의 절대적인 소득 수준보다 남과 비교한 상대적인 소득 수준이 행복과 불행을 가르는 척도가 된다는 조사결과도 있다. 절대적인 자기만족보다 상대적인 우월감에서 행복을 느낀다는 의미다.

사람들은 다 함께 잘살기보다는 자신이 남보다 좀 더 잘살기를 원한다. 남이 행복해야 나도 행복할 수 있다는 단순한 진리를 깨닫지 못한다. 남이 불행한데 나만 행복할 수는 없다. 남의 불행이 나의 행복이라고 착각해서는 안 된다. 남의 불행이 결코 나의 행복이 될 수는 없다.

코이의 법칙

코이라는 비단잉어는 일본의 관상용 물고기로 잘 알려져 있다. 이 물고기는 환경에 따라 성장하는 속도와 크기가 달라진다. 코이는 작은 어항에서 5~8센티미터밖에 자라지 않는다. 하지만 대형 수족관이나 연못에서는 15~25센티미터까지 자라고, 강에서는 90~120센티미터까지 자란다. 똑같은 물고기인데도 어항에서는 피라

미가 되고, 강에서는 대어가 되는 것이다. 이를 두고 '코이의 법칙'이라고 한다.

도도새는 인도양의 모리셔스 섬에 서식했던 새다. 주변에는 먹이도 풍부하고 천적도 없다. 그래서 이 새는 나무 위가 아닌 땅에 둥지를 튼다. 그러다 보니 날개가 퇴화해 날 수 없게 되었다. 결국에는 지구상에서 영원히 사라지고 말았다.

'메기효과'라는 말이 있다. 북해에서 청어를 잡는 어부들에게는 커다란 고민이 있었다. 애써 잡은 청어가 런던에 도착하기도 전에 거의 다 죽어 버렸기 때문이다. 그런데 메기를 청어수조에 넣었더니 청어들이 살기 위해 발버둥을 친 덕분에 육지에 도착할 때까지 거의 살아남았다.

영국의 역사가인 아놀드 토인비는 『역사의 연구』에서 '문명의 성장은 존속을 위협하는 도전에 성공적으로 응전함으로써 이루어진다'고 주장했다. 프랑스의 생물학자 라마르크는 '용불용설用不用說'을 주장했다. 세대를 거듭하면서 자주 사용하는 기관은 진화하고, 그러지 못한 기관은 퇴화한다는 학설이다.

『논어』의 「위정편爲政篇」에 나오는 '온고지신溫故知新'은 옛것을 익히고 그것을 미루어 새것을 안다는 말이다. 혁신이나 개혁은 '무無'에서 '유

有'를 만들어내는 게 아니라 기존의 '유'에서 새로운 '유'를 만들어내는 것이다. 옛것을 계승하고 발전시켜 새것으로 재창조하는 것이다. 과거를 답습하는 데 머무는 게 아니라 새로운 가치를 창출해내는 것이다.

『주역周易』에는 '궁즉변 변즉통 통즉구窮卽變 變卽通 通卽久'라는 글귀가 있다. '궁하면 변하도록 해라. 변하면 통할 것이다. 통하면 영원히 이어질 것이다'라는 뜻이다.

그렇다, 변해야 산다. 모든 것은 변한다. 유일하게 변하지 않는 게 있다면, '모든 것은 변한다'는 진리가 아닐까.

긍정적 사고의 힘

일본에서 '경영의 신'으로 추앙받는 마쓰시타 고노스케는 세계적인 브랜드인 '내셔널'과 '파나소닉'이 속해 있는 마쓰시타 그룹을 세운 인물이다. 그는 성공의 비결이 뭐냐는 질문에 이렇게 대답했다고 한다.

"나는 세 가지 감사할 조건을 가지고 인생을 살아왔습니다. 첫째는 내가 열한 살에 부모를 여의었다는 겁니다. 그래서 남들보다 일찍 철이 들 수 있었습니다. 둘째는 초등학교 4년이 내 학력의 전부라는 겁니다. 그래서 공부에 대한 미련 때문에 평생 열심히 공부할 수 있었습니다. 그리고 나는 어려서부터 몸이 무척 허약했습니다. 그래서 건강에 관심을 가지고 노력한 덕분에 이렇게 건강을 유지할 수 있었습니다."

모두가 그를 '불운아'라고 생각했지만, 정작 그 자신은 스스로를 '행운아'라고 여겼다. 그의 위대함은 남들이 불행의 조건 내지 실패의 조건이라고 치부할 수 있는 환경을 행복의 조건 내지 성공의 조건으로 만들었다는 데 있다.

그는 부모의 보살핌이 없었기 때문에 어려서부터 자립심을 키울 수 있었다. 그리고 학교에서 제대로 배우지 못했기 때문에 독학을 통해 끊임없이 지식을 키워나갔다. 또한 몸이 무척 병약했기 때문에 건강의 소중함을 뼈저리게 느꼈고, 그래서 꾸준한 섭식과 운동, 정신수양을 통해 건강을 지킬 수 있었다. 이처럼 그는 힘겨운 생존환경에서 스스로 인생을 헤쳐가는 방법을 터득했던 것이다.

그가 지닌 덕목은 겸손과 강인한 의지, 과감한 결단력, 그리고 긍정적인 사고다. '호황은 좋다. 하지만 불황은 더 좋다'라는 말에서 그가 지닌 긍정적인 사고의 한 단면을 읽어 낼 수 있다.

단지 쓸모를 모를 뿐

태초에 신이 세상을 창조했다. 지상에는 온갖 형태의 동물들이 넘쳐났다. 동물들은 자신들의 형상에 대해 만족스러워했다. 하지만 새들은 그렇지 않았다. 다른 동물들은 다리가 네 개나 되는데, 자신들은 두 개밖에 없었다. 두 다리도 가는 데다가 근육도 볼품이 없었다. 그야말로 '새 다리'였다. 그뿐만이 아니라 등 위에는 거추장스러운 짐이 두 개나 얹혀 있었다. 새들은 왜 그런 건지 신에게 따져 물었다. 신이 말했다.

"네 등에 있는 건 짐이 아니라 날개니라. 그 날개를 활짝 펴고 하늘을 훨훨 날아오르거라!"

그렇다. 새의 등 위에 있는 건 짐이 아니라 날개였다. 다리가 가늘고 가벼운 것도 다 이유가 있었다. 하늘을 높이 날기 위해서는 몸무게가 가벼워야 했다.

어쩌면 우리가 짐이라고 생각하는 게 엄청난 힘이 되는 건지도 모른다. 우리가 쓸모없다고 생각하는 게 실제로는 매우 유용할지도 모른다. 단지 쓸모를 모르는 것일 뿐!

말의 품격이 인격이다

말을 아무렇게나 내뱉는 사람들이 참 많다. 상대방이 알아듣거나 말거나 전혀 개의치 않는다. 상대방이 어떻게 받아들일지에 대해서도 관심이 없다. '개떡같이 말해도 찰떡같이 알아듣는다'라는 절대적인 믿음이 있는 모양이다.

말하는 사람은 듣는 사람이 잘 알아들을 수 있게 말을 해야 한다. 말하는 사람이 듣는 사람에게 왜 말을 못 알아듣냐고 다그치는 건 적반하장이나 다름없다. 그런데 나이가 많을수록 지위가 높을수록 적반하장의 정도가 심하다.

막말이나 독설은 치명적이다. 유대인의 종교 교육서라고 할 수 있는 『미드라시Midrash』에는 '험담은 세 사람을 죽인다. 말하는 사람, 험담의 대상이 되는 사람. 그리고 듣는 사람이다'라는 말이 나온다.

모로코에는 '말이 입힌 상처는 칼이 입힌 상처보다 깊다'라는 속담이 있다. '칼에는 두 개의 날이 있지만, 사람의 입에는 백 개의 날이 있다'라는 베트남 속담도 있다.

미국 시인 롱펠로는 '내뱉는 말은 상대방의 가슴속에 수십 년 동안 화살처럼 꽂혀 있다'라고 했으며 '세 치 혀가 사람 잡는다'라는 우리나라 속담과 '네 입 안의 말은 너의 노예지만, 그것이 입 밖에 나오면

너의 주인이 된다'라는 유대인 속담도 있다.

페르시아의 위대한 문학가 사디는 이렇게 말했다.

> **"말이 있기에 사람은 짐승보다 낫다. 그러나 바르게 말하지 않으면, 짐**
> **승이 그대보다 나을 것이다."**

구시화복문□是禍福門은 '사람의 입은 잘못 쓰면 화의 근원이 되고, 잘 쓰면 복의 근원이 된다'라는 말이다. '병은 입으로 들어가고 화는 입에서 나오기에 군자는 항상 입을 조심해야 한다'라는 말도 있다. 소통은 일방향이 아니라 쌍방향이다. 가는 말이든 오는 말이든 고와야 한다. 가장 인간적인 말이 가장 아름답고, 가장 인간적인 말이 가장 설득력이 강하다.

> **"목소리가 아니라 말을 높여라. 꽃을 피우는 건 천둥이 아니라 빗물**
> **이다.**
> Raise your words, not voice. It is rain that grows flowers, not
> thunder."

말의 품격을 강조하는 격언이다. 이제부터라도 '언성'을 높이지 말고 '인성'을 높이도록 하자. 그래야 인격도 국격도 높아질 수 있지 않을까.

일그러진 우리의 자화상

여기 세 유형의 여우가 있다.

첫 번째 여우는 이솝우화에 나오는 여우다. 이 여우는 포도를 따먹기 위해 나무 위로 열심히 뛰어오른다. 하지만 포도가 너무 높이 달려 있어 아무리 해도 닿지 않는다. 하는 수 없이 여우는 포도 먹는 걸 포기한다. 그리고 마음속으로 이렇게 생각한다.

'저 포도는 틀림없이 실 거야.'

이런 심리를 '신 포도 심리'라고 한다. 자신이 원하는 걸 얻을 수 없을 때, 원하는 대상을 부정하거나 비난함으로써 심리적 부조화를 줄이려는 것이다.

두 번째 여우는 독일작가 에리히 케스트너의 여우다. 이 여우는 나무에 뛰어올라 포도를 따먹는 데 성공한다. 옆에 있던 여우들은 부러운 표정으로 환호성을 내지른다. 하지만 여우가 따먹은 포도는 채 익지 않은 신 포도였다. 그런데도 여우는 이렇게 말한다.

"포도가 정말 달고 맛있는걸."

여우는 배가 부른데도 계속해서 포도를 따먹는다. 그리고 결국에는 위궤양에 걸려 죽음에 이른다.

이것이 '단 레몬 심리'이다. 자신이 원하는 걸 얻게 되었을 때, 그 대상에 대해 과도한 애정이나 집착을 보인다. 자기 것이라는 이유만으로 시큼한 레몬도 세상에서 가장 달콤한 레몬으로 둔갑한다.

승진에서 탈락한 회사원은 속으로 이렇게 생각할지도 모른다. '괜히 승진해 봤자 책임질 일만 많아질 텐데 차라리 지금처럼 편히 사는 게 낫지.' 신 포도 심리다. 중소기업에 취업한 신입사원의 생각은 이럴지도 모른다. '괜히 대기업에 들어가 봤자 죽도록 고생만 할 텐데 차라리 여기서 빨리 승진하는 게 낫지.' 이런 심리는 '단 레몬 심리'다.

'신 포도 심리'와 '단 레몬 심리'는 동전의 양면이다. 신 포도 심리는 자신이 소유하지 못한 걸 부정하고, 단 레몬 심리는 자신이 소유한 걸 긍정하는 심리다. 둘 다 일종의 방어기제이고 자기합리화다.

세 번째 여우는 『탈무드』에 나오는 여우다. 이 여우는 울타리가 비좁아 포도밭 안으로 들어가지 못한다. 그래서 살을 빼기로 마음먹는다. 사흘 동안 아무것도 먹지 않은 덕분에 가까스로 울타리 안으로 들어가는 데 성공한다. 여우는 잘 익은 포도를 배가 터지도록 따먹었다. 하지만 배가 너무 부풀어올라 울타리 사이를 빠져나오지 못했다. 한참을 고민하던 여우는 다시 살을 빼기로 했다. 그리고 사흘을 굶은 뒤에야 간신히 포도밭을 빠져나왔다.

"배가 고프기는 들어갈 때나 나올 때나 마찬가지네."

여우는 배고파서 들어갔지만 다시 배곯고 나온 꼴이다. 정도가 지나치면 미치지 못함과 같다고 한다. 과유불급過猶不及이다. 불행하기는 매한가지다. 이들 모습에서 우리의 일그러진 자화상을 보는 것만 같다.

어떤 결과든 자기만족은 없다. 원하는 걸 얻지 못해 위로를 삼든, 남들보다 못한 걸 얻어 불평을 하든, 또 원하는 걸 얻었지만 결국 과한 욕심으로 모든 걸 잃게 되었든 모든 건 뜻대로 되지 않았다. 우리 안에는 이 세 여우가 모두 있다. 그저 상황에 따라 본색을 숨기고 있을 뿐, 이 여우들을 어떻게 달래고 어르느냐에 따라 인생은 불행과 행복이 교차된다.

흑백논리를 넘어서

누군가는 말한다.

"세상에는 두 종류의 사람이 있다. 내가 좋아하는 사람과 내가 싫어하는 사람이다."

그렇다면 이건 어떤가.

"세상에는 두 종류의 사람이 있다. 내가 좋아하는 사람과 내가 좋아해야 할 사람이다."

신의 존재에 대해 누군가는 이렇게 말한다.

"신은 존재하지 않는다. 왜냐하면 아무도 신의 존재를 증명하지 못했기 때문이다."

또 다른 사람은 이렇게 말한다.

"신은 존재한다. 왜냐하면 아무도 신이 존재하지 않는다고 증명하지 못했기 때문이다."

소련의 유리 가가린은 인류 최초의 우주인이다. 그는 우주선을 타고 지구를 한 바퀴 돌고 난 뒤 이렇게 말했다.

"지구는 아름답다. 그런데 어디서도 신은 보이지 않았다."

반면에 인류 최초로 달에 첫발을 내디딘 미국의 닐 암스트롱은 이렇게 말했다.

"아름다운 지구를 내려다보며 온 우주에 신의 존재를 느꼈다."

가가린이나 암스트롱 모두 신비로운 우주를 체험했다. 하지만 그들은 전혀 다른 고백을 남겼다.

대한민국 최초의 우주인인 이소연 씨를 둘러싼 공방이 벌어진 적이 있었다. 일부 누리꾼들은 그녀가 우주인이 아니라 우주 관광객이라고 비난했다. 이에 대해 그녀는 이렇게 말했다.

"저를 우주 관광객이라고 생각하시는 분은 아직도 우주산업이 낙후된 나라에 살고 계시는 거고, 저를 우주인이라고 생각하시는 분은

21세기의 우주 시대를 선도하는 자랑스러운 대한민국에 살고 계시는 겁니다."

선과 악의 이분법적인 사고방식은 갈등과 대립을 부추길 수밖에 없다. 경직된 흑백논리를 넘어서야 비로소 평화공존을 담보할 수 있다. 남을 설득하고 포용할 수 있는 능력이 오늘날 민주사회에서 가장 소중한 덕목 가운데 하나가 아닐까 싶다.

세로에서 가로로

서양어는 주로 가로쓰기를 한다. 지금은 한자와 한글이 가로쓰기를 하지만 예전에는 세로쓰기였다. 일반적으로 서양의 플래카드Placard는 옆으로 묶고, 동양의 현수막懸垂幕은 위아래로 늘어뜨렸다.

한자에서는 '가로 횡橫'에 대한 부정적인 인식이 두드러진다. '가로막다'는 말이나 행동, 일 따위를 제대로 하지 못하도록 방해하거나 막는다는 뜻이다. '비명횡사非命橫死'는 뜻밖의 사고를 당해 제명대로 살지 못하고 죽는다는 말이다. '횡행橫行'은 아무 거리낌 없이 제멋대로 행동하는 것을 일컫는다.

사다리와 구름다리는 어떤가. 사다리는 높은 곳이나 낮은 곳을 오르내릴 때 쓰이는 기구다. 수직적인 구도다. 이와는 달리 구름다리는 안전하게 오갈 수 있는 시설이다. 수평적인 구도다. 사다리에서는 위를 올려다보거나 아래를 내려다보아야 한다. 윗사람에게 짓밟힐 수도 아랫사람을 짓밟을 수도 있다. 하지만 구름다리에서는 그런 걱정을 하지 않아도 된다. 서로 손을 잡고 평화롭게 오갈 수 있다.

'예의란 무엇인가'라는 설문 조사를 한 적이 있었다. 이 조사에서 기성세대는 '어른을 공경하는 것', '인사를 잘하고 예절과 공중도덕을 지키는 것'이 예의라고 답했다. 반면에 젊은 세대는 '아랫사람이든 윗사람이든 공평하게 대하는 태도', '성별이나 나이, 직위에 상관없이 동등하게 대하는 것'이라고 답했다. 이제는 예의도 상하 관계, '높낮이'의 관계로만 규정해서는 안 된다.

가로문화는 수평적인 관계를, 세로문화는 수직적인 관계를 보여 준다. 세상은 세로문화에서 가로문화로 바뀌고 있다. 불평등한 수직관계에서 평등한 수평관계로 바뀌어 가고 있는 것이다.

130

삶은 다지선다형이 아니다

'소', '닭', '풀'.

세 단어 중 서로 연관된 두 개의 단어는 무엇일까?

누구는 '소'와 '닭'이라고 할 것이다. '소'와 '닭'은 동물이고, '풀'은 식물이기 때문이다. '소'와 '풀'을 고르는 사람도 있을 것이다. '소'가 '풀'을 뜯어먹기 때문이다.

'소'와 '닭'을 고르는 사람은 '범주'라는 맥락에서 단어를 이해한 것이다. '소'와 '풀'을 고르는 사람은 '관계'라는 맥락에서 단어를 이해한 것이다. 범주는 서로를 구분하는 개념이고, 관계는 서로를 연결하는 개념이다.

또 다른 예를 들어보자.

'배추', '고추', '소나무', '칼'. 이렇게 네 개의 단어가 있다. 여기서 서로 연관된 세 개의 단어는 무엇일까?

'배추', '고추', '칼'이라고 생각한 사람은 '관계'라는 맥락에서 단어를 이해한 것이다. 김치를 담글 때는 배추와 고추, 칼이 필요하기 때문이다.

이와는 달리 '배추'와 '고추', '소나무'라고 생각한 사람은 '범주'라는 맥락에서 단어를 이해한 것이다. 배추와 고추와 소나무는 생물인데, 칼은 무생물이기 때문이다.

$3 + 5 = ?, ? + ? = 8.$

이 둘의 차이는 무엇일까?

$3 + 5 = ?$에서는 3에 5를 더하면 8이 된다. 그러니까 정답은 하나다. 하지만 $? + ? = 8$은 다르다. 두 개를 더해 8을 만드는 경우의 수는 여러 개다.

인생의 정답은 하나가 아니다. 여러 개 가운데 하나를 고르는 다지선다형도 아니다. 인생은 주어진 답을 고르는 게 아니라 내가 답을 적어 넣어야 하는 것이다. 그렇기에 수많은 물음표를 던지고 답안을 적어내야 한다. 시험지의 답안처럼 잘못된 답을 지우기도, 고쳐쓰기도 어렵다. 인생의 답은 정답이 있지 않기에 누군가에게 물어볼 수도 없다. 인생의 답을 찾는 건 그만큼 난해하고 힘겹다. 아마도 우리 인생에 평생 배움이 필요한 것도 이런 이유가 아닐까?

인생 법칙에는 반만의 진실이 담겨 있다

세상에는 이런저런 법칙들이 많다. 누구나 모든 일이 잘 풀릴 때는 샐리의 법칙Sally's law을 떠올리고, 되는 일이 없다고 느낄 때는 머피의 법칙Murphy's law을 떠올린다.

실제로 효능이 없는 가짜 약을 효능이 있다고 속여 환자에게 먹이면 상당한 효과가 나타난다는 '플라시보 효과Placebo effect'가 있다. 그리고 아무리 효능이 뛰어난 약이라고 해도 환자가 효능을 믿지 않으면 효과가 별로 나타나지 않는다는 '노시보 효과Nocebo effect'도 있다. 자신이 원하는 걸 진심으로 바라면 이루게 된다는 '피그말리온 효과Pygmalion effect'가 있는가 하면, 사회적으로 낙인이 찍히면 결국 패배자로 남게 된다는 '스티그마 효과Stigma effect'도 있다.

평소 지나칠 때는 자주 오던 버스도 막상 타려고 하면 잘 오지 않는다는 '정류장의 법칙'. 택시를 타려고 하면 빈 택시가 반대편에 있고, 길을 건너가면 빈 택시는 이미 사라지고 없다는 '택시의 법칙'. 그리고 큰맘 먹고 세차를 하면 비가 온다는 '세차의 법칙'도 있다.

보험에 들면 사고가 안 나고, 보험에 들지 않으면 사고를 당한다는 '사고의 법칙'. 바겐세일 때 내가 사려는 물건은 세일에서 제외된 품

목이라는 '세일의 법칙'. 일어나지 않기를 바라면 꼭 그 일이 일어난
다는 '겁퍼슨의 법칙'도 있다.

전화를 받을 때 펜이 있으면 메모지가 없고 메모지가 있으면 펜이
없고, 펜과 메모지가 있으면 받아 적을 메시지가 없다는 '프랭크의 전
화 불가사의 법칙'도 있다. 전화번호를 잘못 눌렀을 때 상대방에게 항
상 전화 신호음이 간다는 '코박의 수수께끼'도 있다.

하지만 자세히 들여다보면 어느 법칙이든 '반만의 진실'이 담겨 있
다. 그래서 서로 다른 두 법칙이 합쳐져야 비로소 '온전한 진실'이 재
구성되는 것이다.

황금률과 동태복수법

동태복수법同態復讐法은 이른바 탈리오 법칙Lex Talionis이다.
피해자가 당한 만큼 가해자에게 가하는 형벌이다. 함무라비 법전이
대표적이다. '눈에는 눈, 이에는 이'로 잘 알려진 이 법전은 세계에서
가장 오래된 성문법 가운데 하나다. 법조문이 무려 282개 조에 달하

는데, 죄인에 대한 처벌은 지극히 엄중하다. 무고죄도 사형, 위증죄도 사형, 간통죄도 사형이다. 불효죄는 손을 절단한다.

우리나라 최초 국가인 고조선 시대에도 형법이 존재했다. 팔조금법八條禁法이라고 불리는 형법 가운데 지금은 3개 조만 전해 내려온다. 살인죄는 사형, 상해죄는 배상이다. 절도죄는 노비가 되거나 배상을 해야 한다.

동태복수법의 대척점에 '황금률'이 있다. 황금률黃金律, Golden rule은 예수가 산상수훈에서 보인 기독교의 기본 윤리관이다. '남에게 대접을 받고자 하는 대로 남을 대접하라'는 가르침을 말한다.

유대교의 『토빗기』에는 '네가 싫어하는 일은 아무에게도 하지 마라'고 적혀 있다. 『탈무드』에도 '네가 싫어하는 것은 남에게도 하지 마라. 이것이 모든 율법이며, 그 나머지는 이에 대한 주석일 뿐이다'라고 쓰여 있다. 이슬람교의 『코란』에도 '나를 위하는 만큼 남을 위하지 않는 자는 신앙인이 아니다'라는 구절이 있다. 불교의 『우다나』는 '내게 해로운 것으로 남에게 상처를 주지 마라'고 했고, 고대 인도의 대서사시 『마하바라타』는 '내게 고통스러운 것을 타인에게 강요하지 마라'고 했다.

공자는 '기소불욕물시어인己所不欲勿施於人'이라고 말했다. '네가 하기 싫은 일은 남에게도 시키지 마라'는 뜻이다. '혈구지도絜矩之道'는 자신을 판단의 척도로 삼는 법도를 일컫는다. 자신을 척도로 삼아 남을 생각하고 살펴 바른길로 향하게 하는 도덕상의 길이다. '추기급인推己及人'이라는 말도 있다. 자신의 처지에 비추어 다른 사람의 형편을 헤아린다는 뜻이다.

동태복수법은 잘못이나 죄를 저지른 사람에 대한 처절한 복수극이다. 하지만 황금률은 다르다. 복수가 아닌 용서와 배려, 포용의 정신이다. 모든 시대와 공간을 아우르는 인류의 보편원칙이라고 할 수 있다.

사랑이란

동화작가 쉘 실버스타인의 『아낌없이 주는 나무』는 사과나무와 소년의 사랑 이야기다.

옛날 한 그루의 사과나무가 있었다. 소년은 날마다 사과나무를 찾아갔다. 나무는 소년을 사랑했다. 소년은 나뭇잎을 주워 모아 왕관을 만들어 쓰고 놀았다. 나무는 소년에게 예쁜 꽃도 선물하고 잘 익은 사과도 선물했다. 나무는 소년이 즐겁게 노는 모습을 보며 행복해했다.

어느덧 청년으로 성장한 소년은 큰 도시로 가고 싶어 했다. 나무는 사랑하는 소년과 헤어지기 싫었지만, 소년의 꿈이 이루어지기를 바랐다. 그래서 자신의 열매를 내주어 소년이 여비를 마련할 수 있게 해 주었다.

세월이 흘러 소년은 아름다운 여성과 결혼했다. 나무는 소년의 보금자리를 위해 기꺼이 자신의 팔다리를 내주었다. 그래도 소년의 행복을 바라보며 함께 기뻐했다. 장년이 된 소년은 배를 만들어 먼 나라로 가고 싶어 했다. 나무는 자신의 몸뚱이마저 내주었다. 이제 나무에게 남은 건 밑동뿐이었다. 그래도 나무는 사랑하는 소년의 행복만을 바랐다.

그 뒤로 또 오랜 세월이 흘렀다. 소년은 백발의 노인이 되어 고향으로 돌아왔다. 나무는 소년의 아름답던 모습을 회상하며 슬픔에 잠겼다. 그리고 소년이 편히 쉴 수 있도록 자신의 밑동을 내주었다.

소년은 나뭇잎으로 왕관을 만들고, 사과 열매로 여비를 마련하고, 나뭇가지로 집을 짓고, 줄기로 배를 만들고, 밑동을 쉼터로 삼았다. 나무는 모든 걸 다 내어주면서도 더 내어줄 게 없어 오히려 미안해했다. 어쩌면 아낌없이 주는 나무는 자신이 가진 모든 걸 다 내줄 수 있어서 진정 행복했는지 모른다.

나무는 우리에게 산소도 공급해 주고 그늘도 마련해 준다. 열매도 먹게 해 주고 잎을 떨구어 토양을 비옥하게 해 준다. 땔감이 되어 주기도 하고 숯이 되어 주기도 한다. 이처럼 나무는 자신이 가진 모든 걸 다 내준다. 한마디로 무조건적 사랑이다. 이타적인 사랑, 절대적인 사랑이다.

사랑은 그 자체로 선이다. 독일의 철학자 칸트가 말하는 정언명령定言命令이다. 결과에 상관없이 행위 자체가 선이기 때문에 조건 없이 따라야 하는 도덕적 명령이다. 그래서 사랑을 한다는 것 자체로 아름답고, 사랑을 받는 것 자체로 행복하다. 그 대상이 누가 됐든, 그 시기가 언제가 됐든, 사랑의 주고받음에는 아무런 제약이 되지 않는다. 사랑은 그 자체로 위대하기 때문이다.

사랑은 방정식이 아니라 항등식이다

시각장애인 소녀가 있었다. 그녀는 세상을 원망하며 살았다. 자기 주변에 있는 사람들을 모두 증오했다. 그런데 단 한 사람은 예외였다. 그녀가 사랑하는 남자친구였다. 남자친구는 언제나 소녀 곁을 지켜 주었다. 소녀는 자신이 눈을 뜰 수만 있다면 그와 결혼하겠다고 입버릇처럼 말했다.

그러던 어느 날, 정말 놀라운 소식이 들려왔다. 누군가가 그녀를 위해 두 눈을 기증했다는 것이다. 각막 이식수술이 성공적으로 이루어지고, 마침내 그녀는 세상을 볼 수 있게 되었다.

처음 눈을 뜬 그녀 앞에 한 남자가 서 있었다. 그녀가 그토록 사랑하던 남자친구였다. 그는 환한 표정을 지으며 그녀에게 말했다.

"이제 나와 결혼해 주겠니?"

그런데 남자친구의 얼굴에 두 눈이 보이지 않았다. 남자친구가 그녀를 위해 기꺼이 시각장애인이 된 것이다. 그녀는 남자친구의 청혼을 냉정하게 뿌리쳤다. 그가 눈물을 흘리며 애원했지만 아무 소용이 없었다. 남자친구가 떠나고 며칠 뒤, 그녀에게 편지 한 통이 도착했다.

"내 두 눈만은 언제까지나 아끼고 사랑해다오."

덴마크 작가 안데르센이 쓴 동화 「썩은 사과」도 무척 감동적이다.

가난한 노부부가 생계를 위해 기르던 말을 팔기로 했다. 말은 그들에게 전 재산이나 다름없었다. 할아버지는 말을 끌고 동네 장터로 향했다. 가던 도중에 말을 암소와 바꾸었다. 그리고 암소를 양과 바꾸고, 양을 거위와 바꾸었다. 또 거위를 암탉과 바꾸고, 마지막에는 썩은 사과 한 자루와 바꾸었다.

할아버지는 주점에 들러 잠시 쉬어가기로 했다. 주점에는 두 명의 영국 신사가 있었다. 그들은 할아버지의 이야기를 듣고 박장대소했다. 그가 집에 돌아가면 부인에게 혼날 거라고 장담했다. 하지만 할아버지는 절대 그렇지 않을 거라고 반박했다. 그러자 두 영국인은 금화 한 자루를 걸고 내기를 제안했다.

할아버지는 두 사람을 데리고 집으로 돌아왔다. 부인은 할아버지를 반갑게 맞이했다. 할아버지는 부인에게 그동안 있었던 일들을 하나하나 이야기했다. 그럴 때마다 그녀는 감탄하며 맞장구를 쳐주었다.

"그럼, 이젠 우유를 먹을 수 있겠네요!", "양젖도 맛있지요. 털옷도 만들어 입고요!", "거위 털도 예쁘고 따뜻하지요!", "암탉을 잘 키우면 양계장 주인이 될 수 있겠네요!"

마지막으로 할아버지는 썩은 사과 이야기를 했다.

"식초를 만들려면 썩은 사과가 필요했는데 참 잘됐네요. 오늘 저녁에는 맛있는 사과파이를 해 먹어야겠어요!"

할아버지가 썩은 사과 한 자루를 금화 한 자루로 바꾼 건 부인의 절대적인 믿음과 사랑이 있었기에 가능했다.

방정식은 어떤 문자가 특정한 값을 가질 때만 성립한다. 반면에 항등식은 식에 포함된 문자에 어떤 값을 넣어도 늘 성립하는 등식이다. 그러니 사랑은 방정식이 아니라 항등식이어야 한다.

나비의 운명

미국 작가 트리나 폴러스가 쓴 『꽃들에게 희망을』은 애벌레에 관한 이야기로 줄무늬 애벌레와 노랑 애벌레가 나비로 진화해나가는 과정을 그린 성장소설이다.

무미건조한 일상을 살아가던 줄무늬 애벌레는 어딘가를 향해 행진하는 애벌레들을 목격한다. 그리고 별다른 고민 없이 그들의 뒤를 따라나선다. 애벌레들은 한참을 기어가더니 마침내 애벌레 기둥에 도착한다. 줄무늬 애벌레는 기둥 꼭대기에 오르기 위해 다른 애벌레들과 치열한 경쟁을 벌인다. 그 기둥 위에 '놀라운 그 무엇'이 있을 거라고 굳게 믿으면서.

그런데 도중에 노랑 애벌레를 만나 사랑에 빠진다. 그래서 둘은 다시 기둥 아래로 내려와 땅에서 행복한 보금자리를 꾸민다. 하지만 줄무늬 애벌레는 정상에 대한 미련을 버리지 못한다. 그래서 그는 사랑하는 노랑 애벌레 곁을 떠나 다시 기둥을 오르기 시작한다. 슬픔에 잠겨 있던 노랑 애벌레는 번데기가 된 늙은 애벌레를 만나 그에게서 나비로 진화하는 법을 배운다.

줄무늬 애벌레는 힘겨운 노력 끝에 드디어 기둥 꼭대기에 오른다. 하지만 그곳에는 아무것도 없었다. 그때 하늘 위를 나는 나비를 발견한다. 그 나비는 한때 자신이 사랑했던 노랑 애벌레였다. 줄무늬 애벌레는 노랑 애벌레의 도움을 받아 나비로 진화한다. 그리고 둘은 마음껏 하늘을 날며 행복한 삶을 살아간다.

"나비는 아름다운 날개로 하늘을 날아다니며 하늘과 땅을 이어주고, 이 꽃에서 저 꽃으로 사랑의 씨앗을 전해 주는 일을 한단다."

늙은 애벌레가 노랑 애벌레에게 들려준 말이다.

니체의 '운명애運命愛'는 자신에게 주어진 운명을 긍정하고 적극적으로 사랑하는 것이다. 그럼으로써 보다 높은 존재의 진리에 도달할 수 있다. 나비는 알에서 깨어나 탈바꿈하고 허물을 벗은 뒤 날개돋이를 한다. 나비의 운명은 '기어오르는' 게 아니라 '날아오르는' 것이었다. 허망한 목적을 좇아 기둥을 기어오르는 것이 아닌 허물을 벗어 아름다운 나비로 탈바꿈하는 것, 이것이 나비의 소임이다.

우물 밖 개구리가 되어라

장자^{莊子}는 중국 전국시대의 사상가다. 그가 말하는 '정저지와^{井底之蛙}'는 '우물 안의 개구리'라는 뜻이다. 식견이 좁거나 편견에 사로잡혀 세상이 넓은 줄 모르는 어리석은 사람을 말한다. 바다의 신 약^若이 황하의 신 하백^{河伯}에게 세 가지 충고를 한다.

> "우물 안의 개구리에게는 바다를 설명할 수 없다. 우물이라는 공간의 한계에 갇혀 있기 때문이다. 여름에만 살다 죽는 곤충에게는 얼음을 알려 줄 수 없다. 시간의 제약을 받기 때문이다. 어설픈 전문가에게는 진정한 도^道의 세계를 말해 줄 수 없다. 자신의 지식에 갇혀 있기 때문이다."

『장자』에 '바늘구멍으로 하늘 보기'라는 속담이 있다. 작은 바늘구멍으로 넓은 하늘을 본다는 뜻이다. 좁은 식견으로 전체를 이해하려는 어리석은 행태다. 플라톤이 말하는 '동굴의 우상'이나 니체가 말하는 '확신의 감옥'도 같은 맥락이다.

시간의 한계, 공간의 한계, 지식의 한계. 장자는 이 세 가지 한계를 뛰어넘으라고 말한다. 우물 안에 갇힌 개구리가 아니라 우물 밖으로 뛰쳐나온 개구리가 되어야 한다.

사람들 중에는 자신이 아는 세상이 전부인줄 알고 섣불리 실망하거나 좌절하는 사람들이 있다. 한 발자국만 나서면 또다른 기회와 도전의 장이 열리는데 그 한걸음 떼기가 너무나도 버겁고 힘겹다. 변화를 누리고 싶다면 지금 당장 자리에서 일어나 걸어보자. 그곳이 어디든 내가 살던 세계와 또다른 세계가 열리기 마련이다.

선한 사마리아인

성서에 '선한 사마리아인' 비유가 나온다. 한 유대인이 예루살렘에서 여리고로 가는 길에 강도를 만났다. 그는 강도들에게 흠씬 얻어맞고 피를 흘리며 길 위에 쓰러졌다. 지나가던 제사장과 레위인은 그를 모른 척하고 그냥 지나쳤다. 하지만 사마리아인은 그에게 다가가 상처를 치료해 주고 주막으로 데려가 정성껏 돌보았다. 유대인에게 차별받고 냉대받던 사마리아인이 유대인의 생명을 구해 준 것이다.

중국 광저우의 한 건물에서 화재가 발생했다. 탈출하던 주민이 방범용 쇠창살에 끼인 채 살려 달라고 울부짖었다. 그런데 이 절박한 상황을 목격한 이웃이 주민을 구해 주기는커녕 42초 동안 동영상을 찍어 인터넷에 유포했다. 주민은 결국 목숨을 잃었다.

대전에서 한 택시기사가 운전 중에 심장마비 증세로 의식을 잃었다. 택시에 타고 있던 승객 두 명은 아무 구호 조치 없이 짐을 챙겨 서둘러 그 자리를 떠났다. 길 가던 시민들이 기사를 병원으로 옮겼지만, 그의 생명을 구할 수는 없었다. 비정한 택시 승객은 공항버스의 출발 시각이 임박했기 때문에 어쩔 수 없었다는 변명을 늘어놓았다.

미국 뉴욕 맨해튼의 지하철역. 50대 한인 남성이 누군가에 떠밀려 선로 아래로 떨어졌다. 주변에 있던 사람들은 그를 물끄러미 쳐다보거나 휴대전화로 사진을 찍기만 했다. 얼마 뒤 그는 열차에 치여 목숨을 잃고 말았다. 수사당국은 피해자가 열차에 치이기 전까지 1분 이상의 시간이 있었다고 발표했다.

안치범 씨는 '초인종 의인義人'이라고 불리는 인물이다. 그는 자신이 거주하던 원룸 건물에 불이 나자 밖으로 뛰쳐나와 119에 신고했다. 그리고 곧바로 건물 안으로 뛰어 들어가 집마다 초인종을 누르며 주민들을 대피시켰다. 덕분에 원룸 21개가 있는 이 건물에서 사망자는 한 명도 나오지 않았다. 하지만 그는 옥상 입구 부근에서 유독 가스에 질식된 채 쓰러졌다. 긴급히 병원으로 이송됐지만, 안타깝게도 목숨을 잃고 말았다.

이수현 씨는 일본 도쿄 지하철에서 선로에 떨어진 일본인 남성을 구하고 숨진 의인이다. 그는 기차가 역에 진입하는 긴박한 상황에서도 자신의 몸을 던져 취객의 생명을 구했다. 그의 희생정신을 기리기 위해 일본에서는 해마다 추모식이 열리고 있다.

'선한 사마리아인 법'은 자신에게 피해가 가지 않는데도 위험에 처한 사람을 구조하지 않을 때 처벌하는 법이다. 법으로 도덕적인 의무를 규정하고 강제하는 것이다. 이미 유럽 여러 나라에서는 이 법이 시행되고 있다. 위험에 처한 이웃에게 도움의 손길을 내미는 건 법 이전의 기본적인 도덕과 양심, 인간 본성의 문제다.

난 사람, 든 사람, 된 사람

세상에는 세 가지 부류의 사람이 있다. 난 사람과 든 사람, 된 사람이 그들이다.

난 사람은 능력이 뛰어난 사람이고, 든 사람은 학식이나 경륜이 풍부한 사람이다. 그리고 된 사람은 인격적으로 성숙한 사람을 일컫는다.

현대사회에서는 능력이 뛰어난 사람도 필요하고 학식이나 경륜이 풍부한 사람도 필요하다. 하지만 무엇보다 인격적으로 성숙한 사람이 더 필요하다.

난 사람은 '잘난' 사람이고, 든 사람은 '철든' 사람이다. 그리고 된 사람은 '참된' 사람이다. 나는 잘난 사람보다 철든 사람이 좋고, 철든 사람보다는 참된 사람이 좋다. 나도 참된 사람이 되고 싶기 때문이다. 이 세상에 난 사람이나 든 사람보다 된 사람이 훨씬 더 많았으면 좋겠다는 생각을 가끔 해본다.

무릇 인간은 인간다워야 한다. '인간다움'은 '인간됨'이다. 그래서 '참된 사람'이 '참다운' 사람인 것이다.

인간은 상징적 동물이다

지금까지 인간은 수많은 상징을 만들어냈다. 독일의 철학자 카시러는 인간이 상징적 동물이라고 했다. 상징은 추상적인 관념을 구체적인 사물로 나타내는 걸 말한다.

비둘기는 평화의 상징이다. 태극은 음과 양을 상징하고, 태극기는 우리나라를 상징한다. 비너스는 미의 상징이고, 십자가는 기독교의 상징이다. 붉은색은 정열과 힘의 상징이고, 붉은 악마는 대한민국 축구대표팀을 응원하는 단체의 상징이다. 브란덴부르크 문은 통일 독일의 상징이다. 그리고 소나무는 지조와 절개를 상징한다.

링컨 대통령은 노예해방의 상징적 인물이고, 마틴 루서 킹은 흑인 차별 철폐에 앞장선 상징적 인물이다. 남아프리카 공화국의 넬슨 만델라는 흑인 저항 운동의 상징적 인물이다.

우리가 익히 알고 있는 사과의 상징성은 매우 다양하다. 창세기에 등장하는 이브의 사과는 유혹과 타락의 상징이다. 북유럽 신화에 나오는 여신 이둔의 사과는 불멸의 젊음을 상징한다. 그리스 신화에서 신들의 연회에 초대받지 못한 에리스[아테]의 사과는 분쟁과 불화의 상징이다. 백설 공주가 계모의 꾐에 넘어가 먹게 된 독이 묻은 사과는 질투의 상징이다.

만유인력을 발견한 뉴턴의 사과는 과학적인 진보의 상징이다. 에밀 졸라와 세잔이 함께 나눈 사과는 우정의 상징이다. 가난했던 어린 시절, 과일가게 주인 할머니에게서 공짜로 얻어먹었던 나폴레옹의 사과는 꿈과 희망을 상징한다. 스위스의 독립을 부르짖은 빌헬름 텔의 사과는 자유의 상징이다. 내일 지구가 멸망하더라도 오늘 한 그루의 사과나무를 심겠다는 스피노자의 사과는 영원한 진리를 상징한다.

세상과 소통할 때 필요한 말 Ⅰ

◆ 마음을 열면 모든 게 열리고, 마음을 닫으면 모든 게 닫힌다.

◆ 너의 이야기를 들려주고 남의 이야기를 들어주라. 그것이 바로 소통이다.

◆ 웅변을 배워라. 그러면 그대는 위대한 정치가가 될 것이다. 침묵을 배워라. 그러면 그대는 위대한 인간이 될 것이다.

◆ 가기 싫어도 가야 할 길이 있고, 가고 싶어도 가지 말아야 할 길이 있다.

◆ 아무리 빨리 가고 싶어도 두 발을 한꺼번에 내디뎌서는 안 된다.

◆ 빈손이기에 세상을 움켜쥘 수 있고, 마음을 비웠기에 세상을 품을 수 있는 것이다.

◆ 지도를 바꿀 수는 없지만, 노선을 바꿀 수는 있다.

◆ 눈을 맞추면 서로에게 다가가게 되고, 발을 맞추면 함께 나아가게 된다.

◆ 때로는 선을 행하는 것보다 악을 행하지 않는 것이 훨씬 더 어렵다.

삶에 던지는
아홉 가지
질문

_____ 5장

질문하라, 그리고 또 질문하라

우리는 태어나서 죽을 때까지 끊임없이 질문을 던진다. 질문이 없으면 답도 없다. 물론 고민도 성찰도 없다. 어리석은 질문이라도 해야 한다. 질문 자체가 의미를 만들어내는 일이기 때문이다. 때로는 어리석은 질문을 통해 놀라운 깨달음을 얻기도 한다.

고대 그리스의 철학가 소크라테스는 대화에서 산파술産婆術 교수법을 사용했다. 그는 지속적인 질문과 답변을 통해 올바른 지식을 얻을 수 있다고 믿었다. 질문이 지식이나 지혜를 얻는 데 도움을 주는 산파의 역할을 하는 것이다. 나를 온전히 알기 위해서는 자신에 대한 질문을 두려워해서는 안 된다.

"나는 생각한다. 그러므로 나는 존재한다."

근대 철학의 아버지라 불리는 데카르트가 한 말이다. 그의 말을 이렇게 바꾸어 보는 건 어떤가.

"나는 질문한다. 그러므로 나는 존재한다."

아니, 이렇게 말할 수도 있지 않을까.

"나는 존재한다. 그러므로 나는 질문한다."

인생에 대한 물음표가 느낌표가 될 때, 인생은 비로소 완성된다.

인생에서 가장 소중한 건 무엇일까?

톨스토이가 우리에게 던진 『세 가지 질문』의 내용이다.

옛날 어느 나라에 어진 국왕이 있었다. 왕은 덕으로 나라를 바르게 다스렸다. 그런데 그의 마음 한구석에는 풀리지 않는 의문이 자리 잡고 있었다.

'이 세상에서 가장 소중한 것은 무엇일까?'

왕은 신하들에게 물었지만 만족할 만한 답을 얻지 못했다. 그래서 왕은 초야에 묻혀 사는 현인을 찾아갔다. 현인의 답은 이랬다.

"이 세상에서 가장 중요한 시간은 현재이고, 가장 중요한 사람은 지금 내가 마주하고 있는 사람입니다. 그리고 이 세상에서 가장 중요한 일은 지금 내 곁에 있는 사람에게 선을 행하는 일입니다."

초등학교 수업시간에 학생들이 '세계 7대 불가사의'에 대해 차례로 발표했다. 한 아이가 얼굴을 붉히며 자신이 쓴 글을 읽기 시작했다.

"제가 생각하는 세계 7대 불가사의는 보는 것, 듣는 것, 느끼는 것, 만지는 것, 맛보는 것, 웃는 것, 그리고 사랑하는 것입니다."

발표가 끝나자 교실은 쥐죽은 듯이 조용해졌다.

어느 공모전 동시 부문에서 부안 우덕초등학교 6학년 이슬 양이 〈세상에서 가장 받고 싶은 상〉이라는 제목으로 최우수상을 받았다.

> 아무것도 하지 않아도 / 짜증 섞인 투정에도 / 어김없이 차려지는 / 당연하게 생각되는 / 그런 상 (…) 받아도 감사하다는 / 말 한마디 안 해도 / 되는 그런 상 (…) 아직도 그리운 / 엄마의 밥상 / 세상에서 가장 받고 싶은 / 울 엄마 얼굴(상)

무가지보無價之寶는 값을 매길 수 없을 만큼 귀중한 보배를 말한다. 가치가 없는 게 아니라 가치가 너무 크기 때문에 값으로 따질 수 없다. 우리가 쬐는 햇빛, 우리가 마시는 공기와 물도 그렇다. 햇빛과 공기, 물은 언제나 우리 곁에 있다. 부모님의 사랑도 마찬가지다. 그래서 지극히 당연하게 여긴다.

우리가 매일 당연시하는 것, 그것이 바로 불가사의한 것이다. 우리가 당연하게 생각할 수 있을 만큼 항상 우리 곁에 있기 때문이다.

다시 한번 질문을 던져 보자.

"지금 당신에게는 무엇이 가장 소중한가?"

그때는 맞고 지금은 틀린 걸까?

미국과 유럽이 과거사 논쟁의 소용돌이에 휘말렸다. 미국에서는 남북전쟁 당시 노예제를 옹호하던 인물들이 수난을 당했다. 심지어는 나라를 세운 위인들조차 재평가 대상이 되었다. 독립선언문을 쓴 토머스 제퍼슨과 초대 대통령 워싱턴의 동상도 인종차별을 반대하는 시위대의 표적이 되었다.

영국에서는 윈스턴 처칠 전 총리의 동상이, 프랑스에서는 샤를 드골 전 대통령의 흉상이 훼손되었다. 시위대는 반인권적인 식민지배의 암울한 역사를 청산해야 한다고 주장했다. 하지만 '과거의 인물을 현재의 잣대로 판단하는 게 정당하냐'는 반론도 만만치 않았다. 심지어는 '역사 왜곡'의 위험성까지 제기되었다.

역사뿐 아니라 개인의 삶도 마찬가지다. 과연 모든 게 '그때는 맞고 지금은 틀린다'고 할 수 있을까? 아니, 반대로 '그때는 틀리고 지금은 맞는다'고 할 수 있을까? 모든 가치나 규범은 시대에 따라 변한다. 환경과 문화가 변하고 인식의 틀이 변한다. 그래서 무엇보다 기준이 중요하다. 기준이 흔들리면 모든 게 흔들리기 마련이다.

기준점은 측정하고 판단할 때 기준이 되는 점이다. 온도계는 '0도'가 기준점이다. 그 위는 영상零上, 그 아래는 영하零下다. 남한산과 북한산은 한강을 기준점으로 나눈다. 줄을 설 때도 기준이 필요하다.

'아시타비我是他非'라는 말이 있다. '나는 옳고 다른 사람은 그르다'는 뜻이다. 나만 옳다는 자기중심적인 사고는 매우 위험하다. 내가 옳을 수 있듯이 다른 사람도 옳을 수 있다. 마찬가지로 나도 그를 수 있고 다른 사람도 그를 수 있다. 나에 대한 기준과 남에 대한 기준이 달라서는 안 된다.

'시비지심是非之心'은 시비를 거는 게 아니라 시비를 가리는 것이다. 옳고 그름을 제대로 가려야 한다. 그러기 위해서는 객관적이고 합리적인 기준과 척도, 잣대가 필요하다. 시비를 거는 사람은 시비를 가릴 줄 모르고, 시비를 가릴 줄 아는 사람은 시비를 걸지 않는다.

새로운 시대에는 새로운 시대정신이 요구된다. 그때는 맞았어도 지금은 틀릴 수도 있고, 그때는 틀렸어도 지금은 맞을 수도 있다.

무엇이 쓸모 있고 무엇이 쓸모없는 걸까?

장자가 제자들과 산길을 걷고 있었다. 길옆에서는 벌목꾼들이 열심히 나무를 베고 있었다. 그런데 잎이 무성하고 가지가 굵은 아름드리나무가 아니라 그 옆에 있는 다른 나무를 베고 있는 게 아닌가. 궁금해진 장자가 그들에게 이유를 물었다. 벌목꾼이 말했다.

"아름드리나무는 옹이가 너무 많아 쓸모가 없습니다."

날이 저물어 장자 일행은 산 아래 있는 친구 집을 찾았다. 친구는 오랜만에 찾아온 장자에게 집에서 기르는 거위를 대접하려고 했다. 하인이 주인에게 물었다.

"울 수 있는 거위와 울지 못하는 거위 가운데 어느 걸 잡아야 할까요?"

장자는 마음속으로 생각했다.

'나무는 쓸모가 없기에 천수를 누리고, 거위는 쓸모가 없기에 죽임을 당하는구나.'

캐나다 로키산맥의 수목 한계선에는 '무릎 꿇은 나무'가 있다. 이 나무는 찬바람이 휘몰아치고 건조한 지역에서 자란다. 줄기가 곧지 못하고 뒤틀린 탓에 목재로도 쓰이지 못한다. 그런데 이 나무가 세상에서 가장 아름다운 소리를 내는 명품 바이올린의 소재가 된다는 것이다.

중국의 한 공원에 있는 죽은 나무는 10억이 넘는 금액에 팔렸다. 얼마 전까지도 마을 사람들이 나뭇가지를 주워 땔감으로 쓰던 나무였다. 그런데 이 나무가 고급 가구나 악기, 조각품 제작에 쓰이는 최고급 재목이었던 것이다.

'무용지물無用之物'은 쓸모없는 물건이나 사람을 가리킨다. 그리고 '무용지용無用之用'은 쓸모없어 보이는 것이 오히려 큰 구실을 한다는 뜻이다. 한마디로 '쓸모없음의 쓸모 있음'이다. 놀라운 역설이고 긍정의 철학이다.

우리말에 '굽은 나무가 선산을 지킨다'라는 속담이 있다. 세상에 쓸모없는 존재는 없다. 존재하는 모든 건 쓸모가 있다. 단지 쓸모를 모르고 쓸 줄을 모르는 것뿐이다. 그러니 쓸모없음을 탓할 게 아니라 쓸모를 모르는 나 자신을 탓해야 하지 않을까.

어떤 선택을 해야 하나?

시골농장에서 일하는 두 사람이 있었다. 어느 날, 그들은 더 넓은 세상에서 새로운 인생을 시작하기로 마음먹고 기차역으로 향했다. 한 사람은 뉴욕으로 가는 표를, 다른 한 사람은 보스턴으로 가는 표를 샀다. 두 사람은 의자에 앉아 기차를 기다리고 있었다. 그런데 우연히 옆자리에 앉아 있던 낯선 사람들의 대화를 듣게 되었다.

"뉴욕 사람들은 인정이 메마르고 야박해서 길을 가르쳐 주고도 돈을 받는다네. 그런데 보스턴 사람들은 마음이 따뜻해서 거지에게도 동정을 베푼다는군."

뉴욕 가는 표를 산 사람은 마음속으로 생각했다.

'아무래도 보스턴으로 가는 게 낫겠어. 일자리를 구하지 못해도 굶어 죽을 일은 없을 테니까.'

보스턴행 표를 산 사람의 생각은 달랐다.

'그렇다면 뉴욕으로 가야겠지. 길을 가르쳐 주고도 돈을 받는다면 금방 부자가 될 수 있을 테니까.'

두 사람은 서로 표를 바꾸기로 했다. 이렇게 해서 그들이 선택한 목적지가 달라졌다. 보스턴에 도착한 사람은 새로운 환경에 쉽게 적응해 나갔다. 배가 고프면 지나가는 사람들에게 구걸하며 배를 채웠다.

아무런 일을 하지 않고도 편하게 지낼 수 있었다. 그는 그곳이 천국이라고 생각했다.

한편, 뉴욕으로 간 사람은 열심히 일해 큰돈을 벌겠다고 다짐했다. 그는 간판만 전문으로 청소해 주는 대행업체를 차렸다. 시간이 흐르자 그의 회사는 직원이 150명이 넘을 정도로 성장했다. 심지어 다른 도시에서도 그에게 청소를 의뢰해 왔다.

몇 년 뒤, 그는 보스턴으로 여행을 떠났다. 기차에서 내려 역광장으로 향하던 그에게 초라한 행색의 거지가 다가왔다. 그 거지는 처량한 표정으로 손을 내밀며 도움을 청했다. 거지의 얼굴을 본 그는 너무 놀란 나머지 그 자리에 얼어붙고 말았다. 거지는 몇 년 전에 자신과 기차표를 바꾸었던 바로 그 친구였기 때문이다.

덴마크의 실존철학자 키르케고르의 『이것이냐 저것이냐』, 독일의 정신분석학자 에리히 프롬의 『소유냐 존재냐』, 셰익스피어의 「햄릿」에 나오는 '사느냐 죽느냐'도 모두 선택의 갈림길에서 고뇌하고 방황하는 인간의 모습을 그리고 있다.

프랑스의 실존철학자 사르트르는 '우리가 선택한 것이 바로 우리 자신이다'라고 했다. 인간은 태어나서 죽을 때까지 선택하며 살아간다. 인생은 선택의 연속이다. 그리고 순간의 선택이 평생을 좌우하기도 한다. 어떤 선택을 하느냐는 자신의 의지에 달렸다.

하나를 보고 열을 알 수 있을까?

'하나를 보면 열을 안다'라는 속담이 있다. 부분만 보고 전체를 미루어 안다는 뜻이다. 이와는 반대로 '열을 듣고 하나도 모른다'라는 속담도 있다. 아무리 들어도 깨우치지 못해 어리석고 우둔하다는 뜻이다. '나무를 보고 숲을 보지 못한다'라는 속담은 부분만 보고 전체를 보지 못한다는 뜻이다. 눈앞의 일에 사로잡혀 앞날의 일을 도모하지 못한다는 뜻이기도 하다.

분명한 건 하나를 알아야 열을 알 수 있다는 사실이다. 열을 아는 것보다 하나라도 제대로 아는 게 중요하다. 무엇보다 하나의 가치를 소중하게 여길 줄 알아야 한다. 모든 건 하나에서 비롯되기 때문이다.

길거리에서 누군가가 배를 움켜쥐고 있다고 가정해 보자. 지금 그 사람은 배가 아픈 걸까. 아니면 배가 고픈 걸까. 배를 움켜쥔 사람에게 묻지 않고 그 이유를 알아낼 수 있을까?

어린아이가 양손에 사과를 들고 있다. 엄마가 아이에게 한 개만 달라고 한다. 아이는 잠시 머뭇거리더니 사과를 한 입 베어 물더니 재빨리 다른 쪽 사과도 베어 문다. 그리고는 환한 표정을 지으며 엄마에게 한 손을 내민다.

"엄마, 이거 드세요. 이게 더 달아요."

아이는 사과를 주기 싫었던 게 아니라 더 맛있는 사과를 엄마에게 주고 싶었던 것이다.

우리는 너무 쉽게 예단하고 속단한다. 그리고 너무 쉽게 단정 짓는다. 니체는 확신이 거짓말보다 더 위험한 진리의 적이라고 말했다. 니체에게 확신은 자유로운 사고를 구속하는 감옥이었다.

확신에 사로잡힌 사람은 성찰하거나 반성하지 않는다. 자신이 절대적으로 옳다고 믿기 때문이다. 확신은 선입견이나 편견, 독선과 아집의 또 다른 이름이다. 열을 헤아리기에 앞서 하나의 가치를 인정하고 존중하는 세상이 되었으면 좋겠다. 그리고 나무도 보고 숲도 볼 줄 아는 성숙한 사회가 되기를 진심으로 바라본다.

우리에게 필요한 땅은 얼마만큼일까?

「사람에게는 얼마만큼의 땅이 필요한가」는 톨스토이의 단편이다. 이 작품의 주인공 바흠은 탐욕으로 인해 파멸에 이르는 인물로 그려진다.

그는 부지런하고 성실한 소작농이다. 그의 꿈은 자신의 이름으로 된 땅을 갖는 것이다. 우연한 기회에 그는 저렴한 비용으로 토지를 매입할 수 있다는 정보를 듣는다. 해가 뜰 때 출발해 해가 지기 전에 돌아오면, 자신이 발로 디딘 땅을 모두 소유할 수 있다는 것이다.

농부는 자신이 그토록 바라던 농장주가 될 수 있다는 기대감에 흥분을 감추지 못했다. 이왕이면 더 많은 토지를 차지하리라 마음먹었다. 그래서 그는 쉬지 않고 달렸다. 어느덧 해가 저물기 시작했다. 뒤늦게 이 사실을 알아차린 그는 무리하게 달리다 그만 숨을 거두고 말았다. 농부는 더 많은 땅을 차지하려는 욕심 때문에 가장 소중한 목숨을 잃고 만 것이다.

한 치 앞을 내다보지 못하는 게 인간이다. 빈손으로 왔다 빈손으로 가는 게 인생인 줄 알면서도 모든 걸 손에 쥐려 하고, 또 쥐고 있는 걸 쉽게 놓으려 하지 않는다.

톨스토이는 '돈은 분뇨糞尿와 같다'고 했다. 한곳에 쌓아 두면 악취가 나지만, 널리 뿌리면 땅을 비옥하게 만든다는 의미다. 그런데도 우리는 쌓아 두려고만 한다. 악취가 나는데도 개의치 않는다.

과연 농부에게 필요한 땅은 얼마만큼이었을까. 그리고 우리에게는 얼마만큼의 땅이 필요할까. 내가 편히 묻힐 수 있는 땅, 그 이상을 바라는 건 어리석고 부질없는 욕심이 아닐까.

어떻게 키워야 하나?

어느 심리학과 교수가 초등학생들의 지능지수(IQ)를 측정했다. 결과에 따라 A부터 D 등급으로 나눈 후, D 등급을 받은 학생들에게 결과와 반대로 지능지수가 높다고 말해 주었다. 몇 달이 지난 뒤, 자신들의 지능지수가 높다고 들은 학생들은 다른 학생들보다 더 높은 학업성적을 받았다. 칭찬과 기대가 학생들에게 긍정적인 영향을 미친 것이다.

칭찬이 얼마나 중요한지 잘 보여 주는 대목이다. 이를 '로젠탈 효과'라고도 하고 '피그말리온 효과'라고도 한다.

남아프리카에 '바벰바'라는 부족이 있다. 어느 날, 마을 광장으로 사람들이 몰려들었다. 광장 한가운데는 한 남자가 서 있었다. 잠시 뒤 마을 사람들은 차례로 그 남자에게 칭찬하기 시작했다. 며칠 동안이나 남자의 장점만을 이야기했다.

칭찬 릴레이가 끝나자 마을 사람들은 축하 잔치를 벌였다. 그런데 놀랍게도 이 남자는 범죄를 저지른 자였다. 마을 사람들은 그 남자가 긍정적인 의례를 통해 새사람이 될 수 있다고 믿었다. 그래서 모두가 그에게 칭찬과 격려를 마다하지 않은 것이었다.

죄를 지은 사람은 벌을 받아야 마땅하다. 바벰바 부족에게는 칭찬이 처벌이고 처벌이 칭찬인 셈이다. 바로 칭찬의 역설이다.

'한 아이를 키우려면 온 마을이 필요하다'는 아프리카 속담이 있다. 한 아이가 올바로 성장하기 위해서는 사회 구성원 모두가 함께 노력해야 한다.

미국 오하이오주에 있는 편의점 안으로 10대 소년이 들어왔다. 잠시 뒤, 소년은 진열대에 놓여 있던 물건들을 주머니에 집어넣기 시작했다. 주인이 이를 눈치채고 그에게 다가갔다. 화들짝 놀란 소년은 훔친 물건들을 주머니에서 꺼내 놓았다. 주인은 소년에게 물건을 훔친 이유를 물었다.

"배가 고파서 그랬어요. 저랑 동생이 먹으려고요."

주인은 경찰에 신고하는 대신, 소년에게 커다란 봉투를 내밀었다.

"네가 먹고 싶은 걸 마음껏 담으렴."

그리고 소년에게 다정한 목소리로 말했다.

"언젠가 네가 누군가를 도와줄 수 있을 때 너도 그를 도와주렴."

잘못은 누구나 질책할 수 있다. 하지만 잘못한 사람을 이해하고 용서하고 위로하는 건 쉽지 않다. 상점 주인이 소년을 경찰에 신고했다면, 소년은 절도범이라는 낙인이 찍힌 채 평생 불행하게 살았을지도 모른다. 하지만 주인의 용서와 배려로 전혀 다른 삶을 살아갈 수 있게 된 것이다.

칭찬은 사람을 변화시키고 성장시킨다. 칭찬에는 무한한 긍정의 에너지가 담겨 있다. 어쩌면 칭찬으로 내리는 벌이 가장 무서운 벌인지도 모른다. 잠재적인 범죄자로 키울 것인가, 선량한 이웃으로 키울 것인가. 이 질문에 대한 답은 분명해 보인다.

누구 말을 들어야 하나?

"우리는 싱싱한 생선을 팝니다!"

어느 생선가게 문에 써 붙인 광고 글이다. 가게 앞을 지나던 행인이 그 글을 보고 한마디 내뱉었다.

'그럼 생선가게에서 생선을 팔지 고기를 팔까?'라는 말을 들은 가게 주인은 광고 글을 바꿨다.

"우리는 싱싱한 것을 팝니다."

이번에는 다른 행인이 지나가다 '그럼 싱싱한 걸 팔지 상한 걸 팔까?'라고 말했다. 이번에도 주인은 행인의 말을 듣고 고민했다. 그래서 글을 다시 바꿔 붙였다.

"우리는 팝니다."

잠시 뒤, 또 다른 행인이 광고 글을 보고 혼잣말로 중얼거렸다. '그럼 팔지 사나?' 이 말에 몹시 상심한 주인은 광고 글을 다시 써 붙였다.

"우리는 합니다."

그런데 이번에도 지나가던 행인이 코웃음을 치며 말했다. '하긴 뭘 해?' 급기야 가게 주인은 광고 글을 떼어 버리고 말았다.

「당나귀를 팔러 가는 아버지와 아들」 우화가 있다. 아버지와 아들이 당나귀를 팔러 장에 가고 있었다. 아버지는 당나귀 고삐를 잡고, 아들은 그 뒤를 따랐다. 두 사람이 어느 주막을 지날 때였다. 주막에 앉아 있던 사람들이 비아냥거렸다.

"아니, 저 어리석은 사람들 좀 보게나. 당나귀를 타지 않고 끌고 가다니."

이 말을 들은 아버지는 잠시 생각에 잠겼다. '그렇지, 당나귀는 원래 사람이 타는 동물이지.' 아버지는 당나귀 등에 아들을 태우고는 천천히 발걸음을 옮겼다. 얼마 뒤, 마을 정자를 지날 때였다. 정자에 앉아 있던 노인들이 혀를 차며 말했다.

"저런 고얀 놈 같으니라구. 아들이란 놈이 자기 편하자고 아버지는 태울 생각도 안 하다니."

아버지는 이 말을 듣고 속으로 생각했다. '그래, 내가 아들 버릇을 잘못 들이고 있는지도 모르지.' 아버지는 아들을 내려오게 하고, 자신이 당나귀 등에 올라탔다. 한참을 가다 보니 개울가 빨래터에 동네 여인들이 모여 있었다. 한 여인이 측은한 표정을 지으며 말했다.

"에고, 가엾기도 해라. 아버지란 사람이 오뉴월 뙤약볕에 아들을 걷게 하다니."

아버지는 이 말을 듣고 곰곰이 생각했다. '그래, 아낙네들 말이 맞아. 내가 아들 녀석 힘든 건 깜빡 잊고 있었네.' 아버지는 아들과 함께 나란히 당나귀를 타고 가던 길을 재촉했다. 이번에는 우물가를 지나게 되었다. 우물가에는 동네 아가씨들이 모여 수다를 떨고 있었다.

"어머, 얘들아, 저것 좀 봐, 저렇게 작은 당나귀 위에 두 사람이나 타고 가다니. 당나귀가 불쌍해서 어쩌니."

아버지는 이러지도 저러지도 못하는 처지가 되고 말았다. 당나귀를 끌고 갈 수도, 아들만 태우고 갈 수도, 자신만 타고 갈 수도 없었다. 그렇다고 둘이 함께 타고 갈 수도 없었다. 그때 길을 지나던 사람이 껄껄 웃으며 말했다.

"아니, 별걸 다 고민하고 있군. 둘이 당나귀를 짊어지고 가면 될 거 아니오."

아버지와 아들은 당나귀를 막대기에 묶어 어깨에 짊어졌다. 그리고 다리를 건너는데 당나귀가 갑자기 버둥거리기 시작했다. 그 바람에 아버지와 아들은 당나귀를 떨어뜨리고 말았다. 당나귀는 거센 물살에 휩쓸려 떠내려갔다.

'작사도방作舍道傍'이라는 말이 있다. 직역하면, '길가에 집 짓기'다. 의견이 서로 달라 쉽게 결정하지 못한다는 뜻이다. '작사도방에 삼 년 불성이라'는 우리말 속담이 있다. 길가에 집을 짓는데 지나가는 사람들의 말을 모두 듣다가는 삼 년이 지나도 다 짓지 못한다는 뜻이다.

'팔랑귀'는 귀가 팔랑거릴 정도로 얇아 남의 말에 잘 넘어가는 사람이다. 귀가 너무 얇다고 해서 '습자지 귀'라고도 한다. 팔랑귀의 반대말은 '말뚝귀'다. 귀에 말뚝을 박은 것처럼 남의 말을 전혀 안 듣는 사

람이다. 둘 다 좋은 의미는 아니다. 팔랑귀는 줏대 없는 사람, 말뚝귀
는 고집 센 사람이니 말이다.

여하튼 팔랑귀도 문제고 말뚝귀도 문제다. 우유부단이나 고집불통
도 문제다. 부화뇌동附和雷同하거나 요지부동搖之不動하는 것도 마찬가지
다.

남의 말에 귀를 기울이되 자신의 주관을 쉽게 포기해서는 안 된다.
치우치지 않고 흔들리지 말아야 한다. 무엇보다 균형 잡힌 시각과 철
학이 필요한 이유다.

의도가 좋으면 결과도 좋을까?

'코브라 효과Cobra effect'라는 게 있다. 문제를 해결하기
위해 내놓은 대책이 오히려 문제를 더욱 악화시키는 현상을 말한다.
'코브라 역설Cobra paradox'이라고도 한다.

영국이 인도를 식민통치하던 시절, 적지 않은 사람들이 코브라에

물려 죽었다. 그래서 총독부는 코브라를 잡아 오는 사람에게 포상금을 지급하기로 했다. 그런데 점차 줄어들던 코브라 개체 수가 다시 늘어나기 시작했다. 사람들이 포상금을 더 많이 받기 위해 집에서 몰래 코브라를 사육했기 때문이다. 이에 총독부는 포상금 지급을 중단했고, 사람들은 코브라를 길거리에 방생해 버렸다.

베트남 정부는 쥐가 창궐하는 바람에 골머리를 앓았다. 그래서 쥐를 잡아 오는 사람에게 포상금을 지급하기로 했다. 쥐의 사체 대신에 쥐꼬리만 가져와도 포상금을 지급했다. 그랬더니 사람들이 쥐꼬리만 자르고 다시 쥐를 풀어 주었다. 쥐가 더 많이 번식해야 더 많은 쥐꼬리를 얻을 수 있고, 더 많은 포상금을 받을 수 있기 때문이다.

프랑스 혁명 시기, 변호사였던 로베스피에르는 노동자와 농민의 인기를 등에 업고 자코뱅당의 수장이 되었다. 그는 "모든 프랑스 어린이는 우유를 마실 권리가 있다."라고 선언하면서 우윳값을 반으로 내렸다. 수입이 반으로 줄어든 낙농업자들은 소를 도살해 고기로 팔아 버렸다. 그러자 우유가 품귀현상을 빚으면서 우윳값이 폭등하고 말았다.

중국의 대약진운동을 주도한 마오쩌둥이 곡창지대인 쓰촨성에 농촌 현장지도를 나갔다. 그리고 곡식을 쪼아 먹는 참새 떼를 보고는 "참새는 해로운 새다!"라고 외쳤다. 그의 말 한마디에 전국 방방곡곡에서 참새 소탕 작전이 벌어졌다. 한 해 동안 2억 마리가 넘는 참새를 잡아들였다. 그런데 참새가 사라지자 메뚜기 떼를 비롯한 해충들이

농작물을 초토화했다. 그 결과, 대기근으로 인해 굶어 죽은 사람이 3천만 명을 넘어섰다.

탁상행정卓上行政은 비현실적이고 졸속행정拙速行政은 너무 섣부르다. 정책을 입안하고 집행하는 일은 현실적이고 신중하고 일관성이 있어야 한다.

선한 의도는 그 자체로 선하다. 하지만 선한 의도가 반드시 선한 결과로 이어지는 건 아니다. 구체적이고 타당한 방법론이 강구되고 온전하게 현실에 적용되어야 한다. 그리고 무엇보다 선한 결과를 맺기 위한 '선한 노력'이 기울여져야 한다.

세상과 소통할 때 필요한 말 II

◆ 의로움은 그대 머리 위에 두고, 이로움은 그대 발아래 두라.

◆ 듣기 위해서는 귀를 열지만, 들어주기 위해서는 마음을 열어야 한다.

◆ 시력 차는 극복하기 쉽지만, 시각 차는 극복하기 어렵다.

◆ 물이 넘치면 둑이 무너지고, 정이 넘치면 담이 무너진다.

◆ 소통의 언어는 명령형이 아니라 청유형이어야 한다.

◆ 그들은 나를 뺀 부분집합이고, 우리는 나를 더한 전체집합이다.

◆ 지혜로운 사람은 자신을 들여다보려고 하고, 어리석은 사람은 남을 들여다보려고 한다.

◆ 부패는 자신을 위해 썩는 것이고, 발효는 남을 위해 썩는 것이다.

◆ 소나기는 피해 가는 게 지혜로운 것이고. 폭우는 뚫고 가는 게 용기 있는 것이다.

◆ 눈높이를 낮춘다고 해서 내가 낮아지는 건 아니다.

인생
방정식의
답을 찾다

_____ 6장

인간에게 중요한 세 가지

버릇

그릇

노릇

인간에게 중요한 세 가지는 무엇일까? 버릇, 그릇, 노릇이다.

'버릇'은 '습관'이다. '세 살 적 버릇이 여든까지 간다'라는 속담처럼 오랫동안 몸에 익힌 행동은 떨쳐내기 힘들다. 나쁜 버릇은 쉽게 고쳐지지 않는다. 애초 나쁜 버릇이 들지 않도록 힘써야 한다. 요람에서 익힌 버릇이 무덤까지 가기 때문이다.

'그릇'은 '역량'이다. 어떤 일을 감당할 만한 능력을 비유적으로 이른다. 음식도 그릇이 커야 더 많이 담을 수 있듯이 역량을 키워야 큰 사람이 된다.

'노릇'은 '역할'이다. 자신에게 주어진 구실을 말한다. 인생은 역할 놀이다. 인생에 충실하다는 건 자신에게 맡겨진 역할에 충실하다는 의미다. 생김새나 차림새보다 쓰임새가 더 중요한 게 인생이다.

인생의 다섯 가지 터

놀이터

배움터

일터

쉼터

꿈터

인생은 '놀이터'다. 아이들은 놀이터에서 미끄럼틀도 타고 그네도 탄다. 모래 위에서는 소꿉놀이도 한다. 어른이 되어서도 '제대로' 놀 줄 알아야 한다. 그렇지 않으면 '놀이'가 아니라 '노름'에 빠져들지도 모른다. 모두를 위한 건전한 놀이터가 필요한 이유다.

인생은 '배움터'다. 학교에서만 배우는 게 아니라 직장에서나 사회에서도 배운다. 백세시대에는 평생교육이 화두다. 배우는 사람은 절대 늙지 않는다. 아니, 늙을지언정 '낡지'는 않는다.

인생은 '일터'다. 누구에게나 하고 싶은 일이 있고 할 수 있는 일이 있다. 그리고 해야 할 일이 있다. 내가 하고 싶은 일을 할 수 있고, 그

일이 내가 해야 할 일이라면, 더할 나위 없이 '좋은 일'이 아닐까 싶다.

인생은 '**쉼터**'다. 건전지가 방전되면 충전을 해야 한다. 사람도 마찬가지다. 누구에게나 재충전의 시간이 필요하다. 힘들 때는 가던 길을 멈추고 잠시 쉬어 가도 좋다.

인생은 '**꿈터**'다. 아니, 꿈터여야 한다. 꿈을 꾸고 꿈을 키우고 꿈을 이룰 수 있는 세상이어야 한다.

인생의 다섯 가지 문장부호

물음표

느낌표

쉼표

마침표

화살표

'물음표'는 호기심이다. 모르는 것에 질문하는 것이다. 낯선 것에 눈을 크게 뜨는 것이다. 질문이 없으면 답도 없다. 인생의 답을 얻기 위해서는 끊임없이 질문을 던져야 한다.

'느낌표'는 열정이다. 차가운 머리가 아니라 뜨거운 가슴이다. 열정은 삶을 지탱하는 원동력이다. 학문과 예술에 대한 열정, 이상향에 대한 열정이 삶을 유지시켜준다. 열정이 식으면 인생은 무미건조해질 뿐이다.

'쉼표'는 휴식이다. 악보에도 쉼표가 있다. 바쁜 일상에도 숨 쉴 공간이 있어야 한다. '쉼'은 게으름이 아니라 꽉 채워지지 않은 '여백의 미학'이다.

'마침표'는 끝맺음이다. 글을 쓸 때도 일을 할 때도 마무리를 잘해야 한다. '끝이 좋아야 모든 게 좋다'는 말은 동서양을 막론하고 어디서나 통용되는 격언이다.

'화살표'는 방향이다. 속도보다 방향이 더 중요하다. 올바른 목표를 정하고 올바른 방향으로 나아가야 한다. 인생에서도 목적지와 지향점이 분명해야 한다.

인생의 '가나다'

가리다

나누다

다르다

'**가리다**'는 '잘잘못을 따져 분간하다'라는 뜻도 있지만, '보이지 않게 막다'라는 뜻도 있다. 하지만 보이지 않게 막으면서 잘잘못을 분간할 수는 없다. 옳고 그름을 가리기 위해서는 제대로 볼 수 있어야 한다. 인생은 시비是非를 거는 게 아니라 시비를 가리는 것이다.

'**나누다**'는 '하나를 둘 이상으로 가르거나 몫을 분배하다'라는 의미도 있고, '즐거움이나 고생을 함께하다'의 의미도 있다. 인생은 '네 것'과 '내 것'으로 나누는 게 아니라 '우리 것'으로 함께 나누는 것이다.

'**다르다**'는 '서로 같지 아니하다'라는 뜻이고, '틀리다'는 '셈이나 사실이 그르거나 어긋나다'라는 뜻이다. 그런데 우리는 너무 자주 '다르다'의 의미로 '틀리다'를 사용한다. 다름을 틀림으로 받아들여서는 안 된다. 다름을 인정하고 존중해야 한다. 인생은 차별하는 게 아니라 차이를 만들어내는 것이다.

인생의 세 가지 길

눈길
발길
손길

'눈길'은 주의나 관심을 기울이는 것이다. 힘들고 지친 사람들, 소외된 사람들에게 따뜻한 시선을 보내는 것이다.

'발길'은 다가가는 것이다. 먼발치에서 바라보는 게 아니라 가까이 다가가 함께하는 것이다.

'손길'은 온정을 베푸는 것이다. 도움이 필요한 사람들에게 기꺼이 도움의 손길을 내미는 것이다.

인생의 'MVP'

Mission

Vision

Passion

MVP는 'Most Valuable Player'의 약자다. 스포츠에서 최우수선수를 뜻하는 단어다. 스포츠뿐 아니라 인생에도 'MVP'가 필요하다.

'Mission'은 목표이고 소명의식이다.

'Vision'은 미래에 대한 꿈이고 희망이다.

'Passion'은 열정이고 삶에 대한 의지다.

인생의 목표를 정하고 꿈과 희망의 나래를 펴라. 그리고 열정적인 삶을 살아라.

인생의 'VIP'

Vocation

Inspiration

Perspiration

VIP는 'Very Important Person'의 약자다. 요인이나 귀빈, 혹은 주요고객을 뜻한다. 인생에도 'VIP'가 있다.

'Vocation'은 소명의식이다.

'Inspiration'은 영감이나 신선한 발상이다.

'Perspiration'은 땀과 노력이다.

소명의식을 가지고 창의적으로 사고하라. 그리고 최선의 노력으로 경주하라.

인생의 'ABC'

Accelerator

Brake

Control

'Accelerator'는 가속기다. 앞으로 나아가게 하는 힘이다.

'Brake'는 제동기다. 멈추게 하는 힘이다.

'Control'은 조절기다. 방향을 바꾸는 힘이다.

자동차를 운전하면, 속도를 낼 때도 있고 줄일 때도 있다. 그리고
방향을 바꿀 때도 있다. 인생도 마찬가지다. 인생의 오르막길에서는
속도를 내고, 내리막길에서는 속도를 줄여야 한다. 그리고 잘못된 길
로 들어선 때는 주저 없이 방향을 바꾸어야 한다.

인생의 'BRM'

Blueprint

Road map

Manual

'Blueprint'는 **청사진이다.** 건물이나 기계를 설계할 때 쓰는 밑그림이다.

'Road map'은 **지도다.** 일이나 계획을 일목요연하게 정리한 지침서다.

'Manual'은 **설명서다.** 내용이나 사용법 등을 가르쳐 주는 안내문이다.

인생의 궁극적인 목표를 잘 설계하고, 그 목표에 도달하기 위한 계획을 잘 수립하라. 그리고 구체적이고 실제적인 방법을 잘 모색하라.

인생의 'SPM'

Spectrum

Platform

Momentum

'Spetrum'은 빛의 띠다. 스펙트럼이 넓어지면 빛의 파장도 더 많이 감지할 수 있다.

'Platform'은 기차역의 승강장이다. 컴퓨터에서는 사용 기반이 되는 시스템이나 소프트웨어를 뜻한다. 도약의 발판을 의미하기도 한다.

'Momentum'은 탄력이나 가속도다. 일을 추진하는 힘이나 계기, 성장동력이다.

인생의 스펙트럼을 넓히고 플랫폼을 개방하고 모멘텀을 키워라.

인생의 '3T'

Targeting

Timing

Triggering

'Targeting'은 목표를 정하는 것이다.

'Timing'은 시간이나 시기를 정하는 것이다.

'Triggering'은 방아쇠를 당기는 것이다.

인생의 목표를 정하고, 때가 이르면 방아쇠를 당겨라.

인생의 '3C'

Conscience

Confidence

Courage

'Conscience'는 양심, 도덕의식이다.

'Confidence'는 자신감이고 자긍심이다.

'Courage'는 용기와 도전정신이다.

인간은 양심과 도덕의식이 있어야 하고, 자신에 대한 확고한 믿음이 있어야 한다. 그리고 무엇보다 실패를 두려워하지 않고 도전하는 용기를 지녀야 한다.

또 다른 인생의 '3C'

Choice

Challenge

Change

'Choice'는 선택이다. 인생은 선택의 연속이다. 어떤 선택을 하느냐에 따라 인생의 방향이 달라진다. 순간의 선택이 평생을 좌우하기도 한다.

'Challenge'는 도전이다. 성공의 반대는 실패가 아니라 포기라는 말이 있다. 도전하지 않으면 실패도 성공도 없다. 실패를 두려워하지 않고 끊임없이 도전해야 성공에 다가갈 수 있다.

'Change'는 변화다. 누구나 변화하지 않으면 도태되기 마련이다. 내가 바뀌지 않으면 아무것도 바뀌지 않는다. 먼저 나 자신을 바꾸고 나아가 이 세상을 바꾸어 보는 건 어떨까.

참고육은 'TRIP'이다

Trust

Respect

Interest

Prime

'Trust'는 신뢰다. 4년 동안 단 3센티미터밖에 자라지 않는 모소대 나무처럼 깊게 뿌리를 내릴 때까지 믿고 기다려 주는 것이다.

'Respect'는 존중이다. 귀하게 여기고 높여 주는 것이다.

'Interest'는 관심이다. 애정을 갖고 따뜻한 시선으로 지켜보는 것 이다.

'Prime'은 준비다. 성장을 위한 토대를 마련해 주는 것이다. 지하 수가 땅 위로 솟아오를 수 있게 펌프에 마중물을 부어 주는 것이다.

인생의 '2T'

Technic

Tactic

'Technic'은 기술적인 역량이다.

'Tactic'은 전략적인 사고다.

어떤 목적을 이루기 위해서는 기술적인 역량과 전략적인 사고가 모두 필요하다. 스포츠에서도 그렇다. 선수들이 갈고 닦은 개인적인 기량도 필요하고, 감독이 펼치는 필승의 전략도 필요하다.

인생도 다르지 않다. 생계를 위한 수단이나 방법도 필요하고, 세상과 더불어 살아가는 지혜도 필요한 법이다.

인생의 '3합三合'

합목적성
합법칙성
합리성

'**합목적성**'은 목적을 실현하는 데 적합한 성질이다. 부분이 전체에 알맞고, 또한 부분들도 서로 알맞은 상태를 뜻하기도 한다.

'**합법칙성**'은 법령이나 규범에 일치하는 성질이다. 자연이나 사회 현상이 일정한 법칙에 따라 일어나는 것을 말한다.

'**합리성**'은 이론이나 이치에 합당한 성질이다.

우리도 인생의 목적에 부합하고 규범에 부합하고 이치에 부합하는 삶을 살아보는 건 어떨까.

다시 도전할 때 힘이 되는 말 Ⅰ

◆ 아무나 최고가 될 수는 없지만, 누구나 최선을 다할 수는 있다.

◆ 바람이 불어서 나뭇잎이 흔들리는 것이지, 나뭇잎이 흔들려서 바람이 부는 게 아니다.

◆ 불가능을 가능하다고 믿는 사람은 꿈꾸는 사람이다. 불가능을 가능하게 만드는 사람은 도전하는 사람이다.

◆ 현실주의자는 오늘과 같은 내일을 바라고, 이상주의자는 오늘보다 나은 내일을 꿈꾼다.

◆ 어제보다 나은 오늘을 꿈꾸었다면, 오늘보다 나은 내일을 꿈꾸지 못할 이유가 무엇이겠는가.

◆ 오늘 걷지 않으면 내일은 뛰어야 하고, 오늘 땀 흘리지 않으면 내일은 눈물을 흘려야 할지 모른다.

◆ 오늘이 마지막이라고 생각하라. 그러면 내일은 그대에게 덤으로 주어질 것이다.

◆ 오늘을 열심히 살아라. 훗날 사람들은 그대의 오늘을 이야기할 것이다.

◆ 어느 길로 들어서더라도 그 길은 그대가 가야 할 길이다.

서로의
다름을
이해하는 법

_____ 7장

세상에는 장벽이 너무 많다

베를린 장벽은 동과 서를 가르는 벽으로 1961년 동독이 세웠다. 1990년 독일이 통일되자 베를린 장벽은 무너지게 된다. 철의 장막은 소련을 포함한 동유럽 국가들과 자유주의 진영을 가르는 벽이다. 그리고 죽의 장막은 중국과 서방세계를 가르는 벽이다. 유리천장은 여성들의 사회 진출이나 고위직 임용을 가로막는 장애물이다. 대나무 천장은 아시아계 미국인의 고위직 상승을 가로막는 장애물을 일컫는다.

이것뿐이랴. 이념의 장벽, 종교의 장벽, 인종의 장벽, 성별의 장벽, 학벌의 장벽, 빈부의 장벽. 여기에 더해 또 하나의 무시무시한 장벽이 생겨났다. 바로 젊은 세대와 기성세대를 가르는 세대 장벽이다. 거의 '넘사벽(넘을 수 없는 4차원의 장벽)' 수준이다.

이 장벽은 세대 간의 갈등과 혐오를 부추긴다. 수천 년 동안 지속해온 공동체 사회가 붕괴 직전이다. 괴물도 이런 괴물이 없다. 이제라도 젊은 세대와 기성세대가 함께 머리를 맞대고 지혜를 짜내야 한다. 세대 장벽이 무너지지 않으면, 현재도 없고 미래도 없다.

시대를 초월하는 세대 갈등

수메르 점토판에는 자식을 책망하는 내용이 담겨 있고, 『일리아드』에는 젊은 장수를 책망하는 글이 적혀 있다. 이집트 피라미드 내벽이나 고대 그리스의 철학자 소크라테스의 글에서도 비슷한 내용이 발견된다. 고대 로마 시대에 키케로는 세태를 한탄하는 글을 썼고, 데카르트도 『방법서설』에서 젊은 세대의 무례함을 꼬집었다.

동양도 마찬가지다. 『한비자』는 부모와 마을 어른, 스승의 가르침에도 변하지 않는 어리석은 자식을 질책한다. 조선왕조실록에도 '날이 갈수록 세상 풍속이 쇠퇴해져 선비의 습성이 예전만 못하다'라는 탄식이 기록되어 있다. 하지만 기성세대도 예전에는 '요즘 것'들이었다. 지금의 요즘 것들도 언젠가는 기성세대가 될 것이다.

사회심리학자 리처드 아이바흐의 '좋았던 옛날 편향'은 과거에 대한 짙은 향수이자 절대적인 믿음이다. 경영학에서 말하는 '므두셀라 증후군'이나 사회학에서 말하는 '쇠퇴론', '장밋빛 회고'와도 맥을 같이한다.

사람들은 현재보다 과거가 더 살기 좋았고, 사회적으로나 도덕적으로 더 나았다고 믿는다. 하지만 실제로는 그렇지 않다. 자신의 과거를 회상하면서 현실과는 동떨어진 새로운 의미와 가치를 부여하는 것뿐이다. 우리도 고지식한 사람이 되지 않으려면, 적어도 '좋았던 옛날 편향'에서는 벗어나야 할 것 같다.

현대판 마녀사냥

마녀사냥은 중세 유럽에서 교회가 이단자를 마녀로 판결해 화형에 처하던 행위다. 기독교의 절대권력에 의해 촉발된 집단 광기나 다름없다. 백년 전쟁에서 열여섯 살의 어린 나이로 프랑스군을 이끌고 오를레앙 성을 탈환한 잔 다르크도 마녀사냥의 희생양이 되었다.

특정인에게 악의적인 거짓 프레임을 덧씌우는 게 바로 마녀사냥이다. 여기에는 성급한 일반화의 오류가 한몫한다. 이 오류는 몇 가지 사례나 경험만으로 전체를 단정 짓거나 판단하는 데서 생겨난다. 프레임에서 벗어나지 못하면, 모두 마녀가 될 수도, 마녀로 보일 수도 있다.

『마녀를 심판하는 망치』는 도미니코 수도회의 성직자 두 명이 펴낸 마녀사냥 지침서다. 이 책에는 '교회에 가기 싫어하는 여자는 마녀다. 열심히 다니는 사람도 마녀일지 모른다'라고 쓰여 있다. 황당하기 그지없다. 아이러니하게도 이 책은 독일의 구텐베르크가 발명한 금속활자 인쇄술로 인해 대량으로 제작되어 널리 보급되었다. 그리고 마녀사냥을 한층 더 부추겼다.

마녀재판은 시련재판試鍊裁判 혹은 신명재판神明裁判이라고도 불린다. 먼저 '물의 시련에 의한 재판'이 있다. 이 재판에서는 피고가 완전히 물속에 잠기면, 무죄로 인정된다. 무죄가 된다는 건 익사를 뜻한다. 익사를 면한 경우는 유죄이기 때문에 교수형이나 화형에 처해진다. '죽으면 무죄, 살면 교수형이나 화형'이다. 어차피 죽는다는 말이다.

다음으로 '불의 시련에 의한 재판'에서는 피고가 뜨거운 불길 위를 걸어야 한다. 살아남으면 무죄, 죽으면 유죄다. 살아남는다고 해도 결국에는 화상으로 죽게 된다. 그러니 '살면 무죄, 하지만 화상 후유증으로 사망'이다.

'섭식의 시련에 의한 재판'에서는 마른 빵을 먹게 한다. 빵을 목으로 잘 넘기면 무죄, 토하거나 목에 걸리면 유죄다. 최고위계층인 사제들이 자신들의 무죄를 입증하기 위한 수단으로 악용했다고 한다. 정말로 어처구니없는 일이다.

지금 대한민국에서 벌어지고 있는 세대 갈등은 어떤가. 세대 갈등은 또 다른 현대판 마녀사냥이다. 누구나 마녀가 될 수 있다.

마녀재판은 19세기에 이르러 계몽사상의 영향으로 점차 사라져 갔다. 지금 우리에게도 계몽적인 사고가 필요하다. 다른 세대에 대한 낙인찍기를 지양해야 한다. 그렇지 않으면 나도 모르는 사이에 마녀사냥의 희생양이 될지도 모를 일이다.

왜 세대 갈등이 커지는가?

동서고금을 막론하고 세대 간의 갈등은 늘 존재해 왔다. 우리 사회에서도 세대 갈등이 뜨거운 화두가 된 지는 오래다. 그런데 예전과는 달리 지금은 치유하기 힘들 정도로 심각한 수준에 이르렀다.

왜 그런 걸까. 기본적으로 젊은 세대는 변화를 추구한다. 반면에 기성세대는 변화를 꺼린다. 그러기에 미래를 지향하는 신세대와 과거를 동경하는 구세대의 갈등은 필연적일 수밖에 없다. 공동체 붕괴와 가족해체도 갈등의 원인이다. 사고방식도 집단 중심에서 개인 중심으로 바뀌었다.

치열한 생존경쟁도 갈등을 더욱 부추기고 있다. 무한경쟁 시대에 젊은이들은 일자리를 얻지 못해 힘들어한다. 그러니 정부에서 추진하는 노인 일자리 정책이 달가울 리 없다. 노인 부양에 대한 부담감 또한 적지 않다. 이렇듯 미래에 대한 불안감이 기성세대에 대한 불만과 혐오를 증폭시키고 있다.

예전에 농경사회에서는 나이가 곧 지혜였다. 농사를 짓는 데 필요한 경험과 지식이 많은 어른이 대접받는 세상이었다. 하지만 지금은 다르다. 아날로그에서 디지털로 패러다임이 바뀌었기 때문이다. 젊은 세대에게는 어른들의 경험담이 그저 먼 옛날의 이야기로 치부된다. 잔소리나 허튼소리, 그 이상도 이하도 아니다.

스마트폰을 자유자재로 다루는 '신인류'에게 인터넷 기술을 제대로 사용할 줄 모르는 기성세대는 차라리 '유인원類人猿'에 가깝다. 변화에 적응하지 못한 어른들은 '사회 부적응자'로 내몰리기 일쑤다.

이 모든 것은 다름을 이해하지 못하는 데서 생겨난 것이다. 나와 타인은 다를 수 밖에 없고 기성세대와 젊은 세대는 자라온 환경이 다르기에 사고방식과 삶의 방식 또한 다를 수밖에 없다. 하지만 이들은 자신들의 울타리에서 상대방의 울타리를 향해 삿대질하며 잘못된 점을 지적한다. 그 어떤 집단도 잘못되지 않았다. 그저 자신들의 잣대에서 열심히 자신의 인생을 살아온 것일 뿐이다. 그러니 인정하자. 젊음도 나이듦도 모두 그들만의 가치를 충분히 주장할 권리가 있다.

세대 간 서로 다른 다섯 가지

세대 갈등을 해소하기 위해서는 먼저 서로의 다름을 이해해야 한다. 젊은 세대와 기성세대는 과연 무엇이 다른 걸까.

첫째, 경험치가 다르다. 기성세대는 집단과 공동체를 중시하는 농촌환경에서 주로 자랐다. 그리고 전쟁과 빈곤의 암울한 시대를 경험했다. 이에 반해 젊은 세대는 핵가족과 도시환경에서 풍요롭게 자랐다. 컴퓨터, 스마트폰으로 대변되는 기술 문명의 혜택도 충분히 누리고 있다.

둘째, 사고방식이 다르다. 기성세대는 희생과 헌신을 아름다운 덕목으로 여겼다. 부모가 자식을 위해, 형이 아우를 위해 희생하는 건 당연했다. 이에 반해 젊은 세대는 개인주의적인 사고에 익숙하다. 집단의 가치보다는 개인의 가치를 우선시한다. 그리고 권위주의적인 질서보다는 자유 방임을 선호한다.

셋째, 표현방식이 다르다. 기성세대는 상명하복의 위계질서에 익숙하다. 그래서 말로 상대방을 설득하는 게 여간 어려운 일이 아니다. 자유로운 대화나 토론도 어색하기만 하다. 반면에 젊은 세대는 수직적인 소통보다는 수평적인 소통을 추구한다. 상대방의 견해나 감정을 존중하고, 리뷰나 피드백도 중요시한다.

넷째, 이해 능력이 다르다. 기성세대는 암기 위주의 교육을 받았기 때문에 기존의 지식을 답습하고 모방하는 데 능숙하다. 사회질서나 가치 규범 또한 기꺼이 수용한다. 이에 반해 젊은 세대는 모든 것에 질문하고 모든 것을 의문시한다. 개방된 인터넷 환경 덕분에 멀티태스킹이 가능하다. 젊은 세대는 주어진 답이 아닌, 자신만의 답을 찾으려고 한다.

다섯째, 공감 능력이 다르다. 기성세대는 공동체의 가치나 문화적 동질성에 공감한다. 이에 반해 젊은 세대는 차별이나 불평등, 환경오염 등의 사회문제에 공감하고 분노한다. 예전에는 어르신에게 자리를 양보하는 게 당연한 미덕이었다. 하지만 젊은 세대는 단지 나이 때문에 양보하는 건 합리적이지 않다고 여긴다.

누가 키를 쥐고 있는가

기성세대는 '키를 잡은' 세대다. 여기서 키는 배의 방향을 조종하는 장치다. 기성세대는 가족을 부양하고 사회적 책임을 다하기 위해 지독히도 열심히 살아온 세대다. 그러니 아날로그 시대의 '조타수操舵手'라고 하겠다.

젊은 세대는 '키를 두드리는' 세대다. 여기서 키는 손가락으로 치는 컴퓨터 자판이다. 젊은 세대는 개인의 프라이버시를 존중하고, 창의적인 사고와 프런티어 정신으로 무장한 세대다. 그러니 디지털 시대의 '타자수打字手'라고 하겠다.

기성세대나 젊은 세대 모두 '키를 쥔' 세대다. 여기서 키는 자물쇠를 잠그거나 여는 데 사용하는 열쇠다. 키는 문제를 해결하는 실마리의 뜻으로도 쓰인다.

기성세대가 쥔 키와 젊은 세대가 쥔 키는 성질이 다르다. 하지만 목적은 똑같다. 풀리지 않는 난관을 헤쳐나가기 위함이다. 이 두 가지 키 가운데 어느 하나도 소홀히 다루어서는 안 된다. 상황에 따라 필요에 따라 달리 쓰일 뿐이다. 하나의 키만으로는 해결할 수 없는 문제가 적지 않다. 두 개의 키를 동시에 사용해야 할 때도 있다. 인생에서 술

한 대립과 갈등을 풀 수 있는 '만능 키'는 기성세대의 키와 젊은 세대의 키가 함께해야 가능하다.

옛것이 새롭다

요즘 편의점에서는 특이한 제품이 눈길을 끈다. 밀가루 상표로 익숙한 곰이나 구두약에 그려져 있던 말이 맥주로 변신한 것이다. 예전의 브랜드를 새로운 품목으로 탄생시킨 제품들이다.

맥주와 전혀 어울릴 것 같지 않은 브랜드와의 협업을 통해 '곰표 맥주', '말표 맥주'가 만들어졌다. 오래전에 명성을 떨치던 조미료 브랜드도 팝콘을 시장에 내놓았다. 옛것을 버리지 않고 새롭게 받아들인 덕분이다. 그야말로 '온고지신溫故知新'이다. 이런 추세에 힘입어 오래된 브랜드를 재해석한 제품들이 편의점 업계의 새로운 트렌드로 자리매김하고 있다.

'뉴트로New-tro'는 '새롭다'는 의미의 '뉴New'와 '복고풍'이라는 의미의 '레트로Retro'를 합성한 신조어다. 과거의 생활이나 문화를 현재에 끌어들여 새롭게 즐기는 경향을 일컫는다.

'레트로'가 과거에 대한 단순한 향수라고 한다면, '뉴트로'는 과거의 적극적인 현재화라고 할 수 있다. 낡은 과거를 새롭게 리모델링하는 것이다. 레트로가 한복이라면, 뉴트로는 개량 한복이다.

'뉴트로' 문화는 복고復古와 더불어 혁신革新이다. '낯섦'과 '낯익음'의 만남이다. 과거에 대한 기성세대의 향수와 젊은 세대의 호기심을 모두 충족시켜 준다. 서로 다른 세대를 아우르는 유행이다.

우리는 더 이상 '쓰레기 줍는 노인'이 아닙니다

여기 세상에 하나밖에 없는 리어카가 있다. 어느 대학 동아리의 회원들이 폐지를 수거하는 노인들의 열악한 상황을 개선하기 위해 머리를 맞댔다. 그리고 무게가 70킬로그램이 넘는 리어카를 절반 정도로 경량화했다. 사고 위험을 줄이기 위해 반사 스티커도 제작했다. 발품을 팔아 여러 군데서 광고를 수주했다. 젊은이들 덕분에 '폐지 수거 노인'은 '끌리머'라는 멋진 이름을 얻었다.

"내 리어카는 벤츠야!"

어느 끌리머 어르신이 한 말이다.

대학생들을 움직인 이유는 단 하나다. 사회의 차가운 시선과 냉대를 받으며 살아온 어르신들에게 긍지와 자부심을 심어 드리고 싶었다.

한 기자가 질문했다.

"끌리머가 된 뒤로 뭐가 제일 좋으세요?"

"제일 좋은 건 기분이지!"

이렇게 선한 영향력으로 세상은 조금씩 달라진다. 이제 막 어르신들과 젊은이들의 아름다운 동행이 시작되었다.

내 얼굴에 핀 건 주름살이 아니라 주름꽃이다

오래 살고 싶은 욕망은 동양이나 서양이나 다르지 않다. 중국의 전설에 나오는 '동방삭東方朔'은 지상에서 가장 오래 산 인물이다. 사람들이 흔히 말하는 '삼천갑자 동방삭'이다. 한 갑자가 60년인데 삼천갑자를 살았다니 무려 18만 년을 산 셈이다.

동양에 삼천갑자가 있다면, 서양에는 므두셀라^{Methuselah}가 있다. 므두셀라는 성경에서 가장 장수한 인물이다. 그는 아담과 하와의 8대손으로 '노아의 방주'로 유명한 노아의 할아버지다. 므두셀라는 969세까지 살았다고 한다.

한 여배우가 사진관에 들어섰다. 사진을 찍기 전, 그녀가 사진사에게 말했다.

"선생님, 제 주름살을 보정하지 말아 주세요."

사진사가 그 이유를 묻자 그녀는 환하게 웃으며 말했다.

"그걸 얻는 데 평생이 걸렸거든요."

나무가 열매를 맺기 위해서는 모진 비바람을 견뎌내야 한다. 주름살은 인생의 비바람을 견뎌낸 나만의 아름다운 기록이다. 그러니 내 얼굴에 핀 건 주름살이 아니라 주름꽃이라고 해야 하지 않을까.

몸의 시계보다 더 중요한 마음의 시계

1979년 하버드대학교 심리학과 교수인 엘렌 랭어는 정신이 신체에 미치는 영향을 연구했다. 이른바 '시계 거꾸로 돌리기 Counter clockwise'다. 마음의 시계를 거꾸로 돌려 몸의 시계도 되돌린다는 취지로 시행된 심리 실험이다. 랭어 교수는 70대 후반에서 80대 초반의 어르신 8명을 20년 전인 1959년의 환경에서 생활하게 했다. 1979년에서 1959년으로 시계를 거꾸로 돌린 것이다.

일주일 뒤, 그들에게 놀라운 변화가 일어났다. 참가자들의 신체 나이와 기억력이 50대 수준으로 향상된 것이다. 한마디로 '회춘回春'이다. 우리나라에서도 참가자 6명이 7일 동안 '30년 전의 시간여행'을 떠났다. 결과는 마찬가지였다.

시계 거꾸로 돌리기 연구는 인간의 마음가짐이 얼마나 중요한지를 잘 보여 준다. 노화와 인간의 한계에 대한 고정관념을 깨는 데도 기여했다. 젊게 생각하고 긍정적인 마음을 가지면, 노화를 늦출 수 있다는 믿음을 갖게 한 것이다.

2007년 《뉴욕 타임스》가 주관한 '올해의 아이디어'에 선정된 실험이 있다. 호텔 객실 청소원들을 대상으로 시행한 심리 실험이다.

열악한 환경에서 일하는 청소원들의 건강 상태가 좋지 않았다. 혈압이나 체질량 지수, 체지방 비율 등 모든 지표가 부정적이었다. 그런데 자신이 하는 업무가 얼마나 훌륭한 일인지를 설명해 준 뒤 한 달 만에 이들의 건강 지표는 눈에 띄게 향상되었다. 자신의 일에 대한 긍정적 인식이 건강에 변화를 불러온 것이다.

몸과 마음은 하나다. 문제는 몸의 노화가 아니라 마음의 노화다. 그러니 우리에게 필요한 건 긍정적인 마음의 시계가 아닐까.

산토끼의 반대말과 젠더 갈등

'산토끼'의 반대말은 무엇일까.

누구는 단어를 뒤집어 '끼토산'이라고 하고, 누구는 '집토끼'라고도 한다. '죽은 토끼'라고 하는 사람도 있고, '판 토끼'라고 하는 사람도 있다. 화학과 접목해 '알칼리 토끼'라고 말하는 사람도 있다.

남성의 반대말은 무엇일까. 여성의 반대말은 또 무엇일까. 과연 남성의 반대말이 여성이고 여성의 반대말이 남성일까?

요즘 세대 갈등과 더불어 남녀갈등이 정말 심각하다. 손가락 모양을 놓고서는 남성 혐오를 둘러싼 논쟁이 점점 더 치열해지고 있다. 얼마 전에는 미국 CNN 방송이 우리나라의 젠더 갈등을 집중 조명해 눈길을 끌기도 했다.

부정을 부정하면 긍정이 된다. 반대를 반대하면 찬성이 되고, 금지를 금지하면 허용이 된다. 그리고 서로에 대한 혐오를 혐오하면 연민과 동정의 새로운 지평이 열릴 수 있다.

여성 없이 남성 홀로 존재할 수 없고, 남성 없이 여성 홀로 존재할 수 없다. 태초부터 남성과 여성은 홀로 존재하는 성이 아니라 함께 어우러지는 성이었다. 물론 지금도 그렇다.

예전에는 생물학적인 성으로 신체적으로 확연히 다른 모습의 남성과 여성을 구분했다. 이를 영어표현으로는 Sex라 하는데 어원은 라틴어 Sexus이다. Sexus란 말은 'Seco'의 변형으로 영어로는 자르다의 뜻을 지녔다. 이렇듯 Sex는 남성과 여성을 신체적으로 구분해 둘로 나누는 걸 뜻하므로 출생과 동시에 결정된다. 반면, Gender는 사회문화적 환경의 영향으로 형성되는 것으로 오늘날 남성과 여성을 나눌 때 주로 쓰이는 표현이다. 시대가 흐름에 따라 이제 성은 생물학적으로만 구분하기는 힘들다. 여성으로서의 역할, 남성으로서의 역할도 분별할 수 없다. 하나의 인격체로 사회적인 쓰임에 따라 역할배분이 있을 뿐이다. 젠더 갈등은 이런 시대적 흐름을 역행하는 순간 발생하게 된다.

조연 없는 주연은 없다

《그림 동화집》에 나오는 백설 공주는 혼자가 아니다. 그녀 곁에는 언제나 충직한 일곱 난쟁이가 있다. 《아라비안나이트》에서 알리바바는 40명의 도적과 함께 긴장감 넘치는 이야기를 펼쳐나간다. 레오나르도 다빈치가 그린 '최후의 만찬'에서는 예수가 십자가에 매달리기 전날 밤, 열두 제자와 저녁 식사를 나눈다.

황산벌 전투에서 계백 장군은 나당羅唐 연합군에 맞서 싸우다 5천 명의 병사들과 함께 장렬하게 전사한다. 백제의 마지막 왕인 의자왕을 이야기할 때는 부여의 낙화암에서 떨어져 죽었다는 삼천궁녀를 빼놓을 수 없다.

우리도 관광할 때는 가이드가 필요하고, 골프를 즐길 때는 캐디가 필요하다. 그리고 험준한 산악을 등반할 때는 셰르파가 함께해야 한다. 죽음을 앞둔 사람에게는 호스피스의 도움이 절실하다.

모노드라마는 배우 한 사람이 모든 배역을 맡아 하는 연극이다. 하지만 인생은 모노드라마가 아니다. 인생을 혼자서 살아가는 사람은 아무도 없다.

내 무대에서는 내가 주연이고, 다른 사람의 무대에서는 내가 조연
이다. 그러니 인생 무대에서는 누구나 주연이고 조연인 셈이다. 중요
한 건 무대의 막이 내려올 때까지 자신에게 주어진 역할을 충실하게
감당해내는 것이다.

다시 도전할 때 힘이 되는 말 II

◆ 게으른 사람은 땀의 의미를 모르고, 풍족한 사람은 눈물의 의미
를 모른다.

◆ 사다리를 오르기 전에 왜 오르는지 먼저 생각하라.

◆ 희망 없이 미래를 내다보는 건 추억 없이 과거를 돌아보는 것과
같다.

◆ 누구나 꿈을 이룰 수는 없어도 꿈을 닮아갈 수는 있다.

◆ 뜨는 해와 지는 해는 같다. 그러나 어제와 오늘은 분명 달라야
한다.

◆ 최선의 노력은 하고 싶은 데까지가 아니라 할 수 있는 데까지 하
는 것이다.

◆ 남의 절망에 눈을 감는 사람은 자신의 희망에 눈을 뜰 수 없다.

◆ 어느 누구도 과거를 바꿀 수는 없다. 하지만 누구나 미래를 바꿀
수는 있다.

행복해지고
싶다면

_____ 8장

행복지수가 행복을 주지는 않는다

영국의 여성 심리학자 캐럴 로스웰과 인생상담사 피트 코언이 개발한 '행복지수'라는 게 있다. 공식은 '행복=P+(5×E)+(3× H)'이다. 여기서 P는 Personal, 개인으로 인생관이나 사회 적응력과 같은 개인적 특성을 일컫는다. E는 Existence, 존재로 건강이나 금전과 같은 생존의 기본요소를 가리키고, H는 Higher order, 고차원으로 개인의 자존심이나 야망 등과 같은 고차원적인 욕구를 가리킨다.

그런데 참으로 놀라운 사실은 방글라데시나 부탄, 인도네시아, 인도 등과 같은 나라들이 행복지수에서 상위를 차지하고 있다는 점이다. 즉, 경제의 후진국들이 오히려 행복의 선진국이라는 것이다.

우리나라는 행복지수를 통해 볼 때 그다지 행복하지가 않다. 양극화로 인한 상대적 박탈감이 가장 큰 원인이라는 전문가들의 진단도 있다. 우리는 경제적인 면에서는 선진국일지 모르지만, 행복에서는 여전히 후진국이다. 아니, 경제가 발전할수록 오히려 더 불행해지고 있는지도 모른다.

행복은 권력이나 명예에 비례하지 않는다. 재산에 비례하지도 않는다. 행복은 물질적인 풍요로움이나 사회적인 지위와 동일시되기를 거부한다.

부탄에 사는 사람들이 우리보다 행복할 수 있는 건 불행마저도 기꺼이 받아들이려는 마음 때문은 아닐까. 아니, 고통을 통해 오히려 더 행복해질 수 있다는 믿음 때문은 아닐까.

내가 배고파도 행복할 수 있는 건 언젠가는 주린 배를 채울 수 있다는 믿음이 있기 때문이다. 내가 아파도 행복할 수 있는 건 언젠가는 건강을 되찾을 수 있다는 믿음이 있기 때문이다. 어쩌면 이 세상에 존재한다는 사실만으로도 이미 나는 행복한 사람인지 모른다.

일확천금이 불행의 씨앗이 되다

동서양을 막론하고 로또에 당첨된 사람들 가운데 행복해진 사람은 별로 없다고 해도 과언이 아닐 것이다. '로또꾼'들은 일확천금을 통해 행복을 얻으려고 하지만, 결국에는 불행으로 막을 내리는 경우가 많다.

부부가 당첨금 분배 문제로 다투다가 헤어지기도 하고, 사기꾼에게

속아 전 재산을 탕진하기도 한다. 알코올 중독이나 마약중독에 걸리기도 하고 우울증에 걸리기도 한다. 도박에 빠져 빈털터리가 되는 사람들도 있다. 그래서 정신병원에 입원하기도 하고, 스스로 목숨을 끊기도 한다. 이쯤 되면 로또 당첨은 행복의 시작이 아니라 불행의 시작인 셈이다. 장밋빛 인생을 약속할 것만 같았던 '돈벼락'이 졸지에 행복을 앗아가는 '날벼락'이 되고 만 것이다.

금은보화를 손에 넣었다고 해서 우리의 삶이 행복해지는 건 아니다. 재물 때문에 행복의 문이 활짝 열리는 게 아니라 오히려 더 굳게 닫혀 버리는 건지도 모른다. 오스트리아의 어느 억만장자는 돈 때문에 자신이 불행해졌다면서 자신이 소유한 전 재산을 자선단체에 기부했다. 그리고 화려한 저택에서 나와 초라한 단칸방으로 이사했다.

여러분은 불행의 씨앗인 로또에 아직도 미련이 남아 있는가. 그 미련을 떨쳐내지 못한다면, 여러분은 이 세상에서 가장 어리석은 사람이 될지도 모른다. 그러니 이제라도 땀으로 일궈낼 수 있는 행복의 씨앗을 뿌려 보는 건 어떨까?

걷기가 행복이다

화창한 봄날에 걷는다는 건 행복한 일이다. 걷기를 좋아하는 사람은 푸르른 여름날에도 걷고 낙엽 진 가을날에도 걷는다. 눈 덮인 겨울날에는 옷깃을 여미고 걸으면 그만이다.

꾸준한 걷기 습관이 장수의 비결이라고 한다. 트루먼 대통령도, 케네디 대통령의 어머니 로즈 여사도 노년에 이르기까지 즐겨 걸었다고 한다. 미국의 알렉산더 리프 박사는 장수한 사람들 대부분이 걷기를 습관으로 하는 사람들이라는 사실을 밝혀냈다. 누구라도 오래 살고 싶으면 걸어야 한다.

인간은 다른 동물과 달리 직립 보행을 한다. 그래서인지 발의 혈관이나 신경은 두뇌와 내장에 밀접하게 연결되어 있다. 발에 힘이 빠지면 노화도 그만큼 빨라지게 된다.

캐나다의 운동생리학자 셰퍼드 박사는 좀 더 움직임이 많은 안내양이 버스 운전사보다, 우편배달부가 우체국 직원보다 심장병에 걸릴 확률이 훨씬 더 낮다는 연구결과를 발표하기도 했다. 걷기가 우리 몸에 얼마나 좋은지는 이미 널리 알려져 있다. 뛰는 것도 좋지만 걷는 게 더 좋다. 워킹Walking과 하이킹Hiking, 트레킹Trekking, 모두 '건강의 왕

King'이다.

걸으면서 생각도 정리할 수 있고 마음을 추스를 수도 있다. 내가 걷는다는 건 내가 살아 있다는 증거다.

나는 더 이상 걸을 수 없는 날까지 마음껏 걷고 싶다. 들길이나 산길을 걸으며 자연을 만끽하고 싶고, 산책로를 걸으며 수많은 이웃과 마주하고 싶다. 그리고 그들과 더불어 행복을 나누고 싶다. 걷는 사람만이 느낄 수 있는 행복을 말이다.

세상에서 가장 행복한 사람

세상에는 가장 소중한 금이 세 개 있다. 하나는 황금이고 다른 하나는 소금이며 마지막 하나는 지금이다. '지금'은 다시는 돌아오지 않는 시간이다. 오늘을 열심히 살지 않으면서 행복한 내일을 바랄 순 없다.

세상에서 가장 소중한 물은 '눈물'이다. 인간 내면의 깊은 샘에서 흘러나오는 눈물은 자기 연민을 넘어 카타르시스에 이르게 한다. 눈

220

물을 통해 일체감도 생기고 용서와 화해도 가능해진다. 눈물은 상처 받은 이들과 고통받는 이들을 감싸고 어루만져 준다.

그렇다면 세상에서 가장 소중한 음聲은 무엇일까? '웃음'이다. 방긋 웃는 웃음도 있고 까르르 웃는 웃음도 있다. 가볍게 키득거리며 웃는 까투리웃음도 있고, 크게 소리 내어 웃는 너털웃음도 있다. 수다스럽게 떠벌리며 웃는 너스레웃음도 있고, 살포시 눈을 움직여 웃는 눈웃음도 있다. 웃음이 넘치는 가정은 행복한 가정이고, 웃음을 나눌 수 있는 사회는 행복한 사회다.

살다 보면 나도 모르게 얼굴을 찌푸릴 때가 있다. 어차피 살아야 할 인생이라면 웃으면서 사는 게 좋지 않을까. 세상에서 가장 소중한 지금을 살아가면서 가장 소중한 눈물을 흘리기도 하고 가장 소중한 웃음을 웃을 수만 있다면, 이 세상에 부러울 게 무엇이 있겠는가.

희망의 인문학으로 행복을 재발견하다

미국의 언론인이자 사회비평가인 얼 쇼리스는 '희망의 수업'을 창시한 인물이다. 1995년 가을, 그는 거리의 청소년들과 노숙자, 빈민, 에이즈에 걸린 싱글맘 등 20여 명을 불러 모았다. 그리고 철학과 예술, 논리와 시, 역사 등과 같은 정규 대학 수준의 인문학을 가르치는 클레멘트 코스를 시작했다. 그리고 그로부터 10년 뒤인 2005년 9월, 서울 노원구에서 성프란시스대학이 처음으로 소외계층을 위한 인문학 강좌를 열었다.

희망의 인문학은 인문학이 지닌 '치유의 힘'을 믿는다. 그리고 성찰하는 힘, 나를 설명하는 힘, 소통하는 힘을 키우는 인문학이다. 스스로 사회적 약자일 수밖에 없었던 조건들에 대해 과거와는 다르게 대응할 힘을 길러 준다.

경기광역자활지원센터에서 인문학 강좌를 수강했던 어느 자활근로인은 '인문학을 통해 나의 정체성을 알게 됐다'고 말한다. 최종학력이 초등학교 3년인 어느 수강생은 '지금까지 내가 알지 못했던 나의 잠재력 속에 무한한 지식의 능력이 감추어져 있었다는 것을 글쓰기 연습을 하면서 발견하게 되었다'라고 말하며 '나는 이 비밀을 찾았다.

인문학을 통해 나의 정체성을 알게 되었고 공부할 수 있는 문이 열린 셈이다'라고 덧붙였다.

이 센터에서 강의를 맡았던 한 소설가는 '나와 그 사람들 사이에 벽은 없었다. 내가 관념으로 쌓아 올린 벽이었을 뿐이다'라고 말했다.

희망의 인문학이 만들려는 세상은 가난이 부끄럽지 않은 세상이다. 물질적인 풍요로움이 아니라 정신적인 풍요로움이 더 소중한 세상이다. 희망의 인문학과 더불어 냉혹한 삶의 현장에서 서로를 존중하고 함께 부대끼며 행복을 재발견할 수 있지는 않을까.

돈으로 살 수 있는 것과 살 수 없는 것

돈으로 집을 살 수는 있지만, 가정을 살 수는 없다.
돈으로 침대를 살 수는 있지만, 잠을 살 수는 없다.
돈으로 지위를 살 수는 있지만, 존경을 살 수는 없다.
돈으로 책을 살 수는 있지만, 지혜를 살 수는 없다.
돈으로 시계를 살 수는 있지만, 시간을 살 수는 없다.

돈으로 화장품을 살 수는 있지만, 아름다움을 살 수는 없다.

돈으로 음식을 살 수는 있지만, 식욕을 살 수는 없다.

돈으로 영양제를 살 수는 있지만, 건강을 살 수는 없다.

돈으로 환심을 살 수 있지만 사랑을 살 수는 없다.

돈으로 쾌락을 살 수는 있지만, 행복을 살 수는 없다.

서울 을지로에 있는 '만년필연구소'의 박종진 소장은 10년 넘게 토요일마다 손님들의 만년필을 무료로 고쳐주고 있다. 지금까지 그가 고쳐준 만년필이 2만 자루가 넘는다고 한다.

"한번은 머리가 하얗게 센 60대 신사가 몸통에 좁쌀만한 구멍이 뚫린 '파카21'을 들고 오신 적이 있는데, 가품이었어요. 파카21은 새 상품도 5만 원 정도면 삽니다. 그런데 그분이 '돌아가신 누님이 생전에 회사 장기자랑에서 타서 내게 선물한 만년필입니다.'라고 하시는 거예요. 그분에게는 짝퉁 만년필이 세상 어떤 만년필보다 소중했던 거죠. 꼭 고쳐야겠다는 생각에 진품을 구해 가품의 깨진 부위를 메꿨습니다."

누구나 자신만의 꿈이 있고 추억이 있다. 그 무엇과도 바꿀 수 없는 나만의 존재 가치다. 하지만 우리는 진정한 행복이 물질에 있는 게 아니라 내 마음속에 있다는 단순한 진리를 잊고 살 때가 많다. 어쩌면 가장 소중한 것들은 돈으로 살 수 없기에 우리 인생이 그만큼 더 소중한 건지도 모른다.

동메달이 은메달보다 행복한 이유

올림픽 시상식에 서면 누구나 행복해 보인다. 하지만 시상대에 오른 선수들 가운데 가끔은 은메달리스트가 불행해 보일 때가 있다.

미국 코넬대의 토머스 길로비치 교수는 올림픽에서 우승자가 결정되는 순간과 시상식 장면을 대학생들에게 보여주었다. 그리고 나서 그들에게 선수들의 행복한 모습을 1에서 10까지 나누어 평가하도록 했다.

학생들의 평가는 이랬다. 우승자가 호명되는 순간을 담은 사진에 대한 평가에서는 은메달 수상자가 평균 4.8점을 받았고, 동메달 수상자는 7.1점을 받았다. 그리고 시상식 사진에 대한 평가에서는 은메달 수상자가 4.3점, 동메달 수상자가 5.7점을 받았다. 물론 두 경우 모두 금메달 수상자가 가장 높은 점수를 받았다.

이와 관련해 또 다른 연구결과도 있다. 미국 샌프란시스코 주립대의 데이비스 마쓰모토 교수는 2004년 아테네 올림픽에서 벌어진 유도 경기를 연구했다. 경기가 종료될 때와 메달이 수여될 때, 그리고 시상대에서 포즈를 취할 때 선수들이 어떤 표정을 짓는지를 분석한 것이다.

14명의 금메달 수상자 가운데 13명은 결승전이 끝나는 순간에 웃음을 터뜨렸다. 26명의 동메달 수상자 가운데서는 18명이 경기가 끝나고 나서 미소를 보였다. 하지만 은메달 수상자 가운데는 웃는 얼굴을 한 사람이 단 한 명도 없었다.

도대체 왜 그런 걸까. 은메달리스트는 자신이 조금만 더 잘했으면 금메달을 딸 수 있었을지 모른다는 생각에 사로잡혀 자책하게 된다. 하지만 동메달리스트는 자칫 실수라도 했으면 메달을 따지 못했을 거라는 생각에 안도의 한숨을 내쉬게 되는 것이다.

운동선수는 메달을 따서 아름다운 게 아니다. 마지막 순간까지 불굴의 정신으로 최선을 다했기에 아름다운 것이다. 우리 인생도 성공해서 아름다운 게 아니라 넘어지고 깨어져도 다시금 일어나 끊임없이 도전하기에 아름다운 게 아닐까.

세상에 단 하나뿐인 가방

특이한 가방이 있다. 트럭 위에 씌우는 방수용 천을 떼어내 만든 탓에 가방에선 화학약품 냄새가 진하게 풍긴다. 가방끈은 폐차에서 뜯어낸 안전벨트를 사용하고, 접합 부위는 자전거 바퀴의 고무 튜브를 사용한다. 이 가방은 온갖 자질구레한 쓰레기로 만든 가방이다. 그런데도 가격은 수십만 원이나 되며 해마다 전 세계에서 20만 개가량이 팔려나간다고 한다.

스위스의 가방 브랜드인 '프라이탁Freitag'의 이야기다. 이 회사의 직원들은 전 세계의 트럭 운송업체를 찾아다니며 방수천을 구한다. 그 양이 해마다 400t 정도가 된다고 한다. 이 회사의 핵심가치는 '재활용'이다. 스위스 취리히에 있는 본사 건물은 버려진 컨테이너를 이용해 지었다. 가방을 생산하는 공장도 모두 재생 콘크리트로 지었다. 사무실에서 사용하는 가구는 폐기된 건축물의 철근을 가져와 직접 만들었다.

프라이탁 가방이 명품으로 인정받는 가장 큰 이유는 무엇일까. 바로 '희소성'이다. 주재료인 트럭 방수천은 절대 새것을 쓰지 않는다. 실제로 트럭에서 5년 정도 사용된 걸 가져온다. 그렇기 때문에 동일한 소재와 디자인이라고 해도 '낡은' 정도와 '더러운' 정도가 서로 다르다.

세상에 단 하나밖에 없는 가방 프라이탁, 이 가방은 세상에 단 하나뿐인 나를 위해 만들어진 가방이다.

인생도 프라이탁 가방처럼 '낡은' 정도와 '더러운' 정도가 서로 다르다. 내 인생은 세상에 단 하나뿐인 나를 위해 주어진 인생이다. 그러니 내가 아무리 '늙고 추해도' 언제나 소중하고 특별한 게 아닐까.

인생에서 중요한 건
가격이 아니라 가치다

〈TV쇼 진품명품〉은 일반인들이 소장하고 있는 진기한 고문서나 골동품을 소개하는 시사교양 프로그램이다.

"얼마일까요?"

"이 의뢰품은 감히 값을 매길 수가 없습니다."

어느 전문 감정평가단의 말이다. 1910년 뤼순 감옥에서 사형집행

전에 안중근 의사가 쓴 붓글씨 '경천'은 돈으로 가치를 환산할 수 없다는 평가도 있다.

우리가 차마 값을 매길 수 없는 그 무엇이 있다. 바로 인생이다. 인생은 가격의 문제가 아니라 가치의 문제이기 때문이다.

값비싼 시계나 값싼 시계나 가리키는 시각은 똑같다. 값비싼 시계가 조금 멋지게 보일 수는 있다. 하지만 중요한 건 '시간을 얼마나 소중하고 가치 있게 쓰느냐'다. 값비싼 가방이나 값싼 가방이나 손에 들고 다니는 건 마찬가지다. 중요한 것은 '가방 안에 무엇을 넣고 다니느냐'다. 값비싼 자동차나 값싼 자동차나 도로 위를 달리는 건 똑같다. 값비싼 자동차를 타면 조금은 편하게 갈 수 있다. 하지만 정작 문제가 되는 건 '어느 목적지를 향해 가느냐'다.

영어로 'Priceless'는 '너무나도 귀한', 그래서 '값을 매길 수 없는'이라는 뜻이다. 'Invaluable'도 '매우 귀한', 그래서 '가치를 평가할 수 없는'이라는 의미다. 너무 귀하기 때문에 값을 매길 수도, 가치를 평가할 수도 없는 것이다.

우리가 마시는 물과 숨 쉬는 공기, 세상을 비추는 햇빛도 마찬가지다. 너무 귀하기 때문에 값을 매길 수조차 없다. 그러니 우리의 인생이 무한대의 가치를 지니는 게 아닐까.

판도라의 상자에서 행복을 꺼내다

프로메테우스는 제우스 몰래 불을 훔쳐 인간에게 전해 준 인물이다. 그는 바위에 묶인 채 낮에는 독수리에게 간을 쪼이고, 밤에는 다시금 회복되는 형벌을 받는다.

제우스는 대장간의 신 헤파이스토스에게 흙으로 여신을 닮은 처녀를 빚어 만들라고 명한다. 그리고 여러 신들로 하여금 자신의 가장 고귀한 능력과 기술을 그녀에게 선물하도록 한다. 이렇게 해서 '모든 선물을 받은 여인', 즉 판도라가 탄생하게 된다.

제우스는 판도라에게 상자를 건네주면서 절대 열어보지 말라고 명한다. 그러고는 그녀를 프로메테우스의 아우인 에피메테우스에게 보낸다. 판도라의 미모에 반한 에피메테우스는 제우스가 주는 선물을 받지 말라는 프로메테우스의 경고를 무시하고 그녀를 아내로 맞이한다.

에피메테우스와 행복한 나날을 보내는 판도라. 하지만 제우스에게서 받은 상자를 떠올린 그녀는 호기심에 그 상자를 열어본다. 바로 그 순간, 상자 속에서 온갖 질병과 악이 세상으로 쏟아져 나온다. 이에 놀란 판도라가 황급히 상자의 뚜껑을 닫는 바람에 희망은 상자 밖으로 빠져나오지 못한다.

그 결과, 인류는 영원히 고통과 불행에서 벗어나지 못하게 된다. 그런데 다른 한편으로는 혹독한 시련과 역경에도 불구하고 희망을 간직하게 되었다고 한다.

판도라의 상자에 관한 또 다른 설도 있다. 하나는 판도라의 상자에서 죄악과 불행뿐 아니라 희망도 함께 빠져 나왔다는 설이다. 판도라의 상자에서 희망이 빠져 나와 어디론가 숨어 버렸기 때문에 인류가 희망을 찾기 위해 세상을 헤맬 수밖에 없다는 것이다. 판도라의 상자는 인류의 행복과 불행, 희망과 절망을 동시에 상징하는 절대적인 운명의 은유이다.

오늘날에도 현대문명과 첨단과학, 핵연료, 가상현실과 인공지능 등 판도라의 상자가 존재한다. 판도라의 상자를 영원히 닫아둘 수는 없다. 언젠가는 판도라의 상자를 열어야만 한다. 모두의 지혜를 모아 아주 조심스럽게, 그리고 미래에 대한 희망의 서사시를 쓰듯이.

허영심이 인생을 채워줄 수는 없다

프랑스 소설가 모파상의 작품 가운데 〈목걸이 La Parure〉라는 단편소설이 있다. 화려한 귀족 생활을 동경하는 허영심 많은 여인 마틸드 루아젤. 그녀는 가난한 하급공무원의 아내다. 어느 날, 남편이 그녀에게 초대장을 보여준다. 장관 부부가 주최하는 무도회 파티에 초대받은 것이다.

기쁨도 잠시. 그녀는 무도회에 입고 갈 옷이 없다며 불평을 늘어놓는다. 남편은 비상금을 털어 그녀에게 멋진 파티복을 사준다. 그런데도 그녀는 예쁘게 꾸밀 만한 장신구가 없다고 여전히 투덜댄다. 하는수 없이 남편은 아내와 함께 그녀의 친구를 찾아간다. 그리고 친구에게서 값비싼 다이아몬드 목걸이를 빌린다. 덕분에 무도회는 성황리에 끝이 난다. 하지만 집으로 돌아온 아내는 거울에 비친 자신의 모습을 들여다보고는 화들짝 놀란다. 그녀의 목에 걸려 있던 장신구가 사라져버린 것이다.

그녀는 친구에게 돌려줄 목걸이를 구입하기 위해 살던 집까지 처분한다. 그리고 궂은일도 마다하지 않고 열심히 일한다. 그렇게 10년이란 세월이 흐른다.

어느 날, 마틸드는 샹젤리제 거리에서 우연히 친구를 만난다. 그런데 친구에게서 그 빌려준 목걸이가 가짜라는 충격적인 이야기를 듣게 된다. 그녀는 '값싼' 모조품 때문에 '값비싼' 인생을 허비하고 만 것이다. 그녀를 인생의 나락으로 내몬 건 바로 그녀의 값비싼 허영심이었다.

행여 우리도 가짜 목걸이를 목에 걸고 으쓱거리며 가짜 인생을 살고 있는 건 아닐까. 그 모든 게 가짜라는 사실을 까마득히 잊은 채 말이다. 인생에서 실제로 값진 것과 값진 것처럼 보이는 것을 구분하지 못하고 살 때가 많다. 그리고 긴 시간이 흘러 이제 딱히 값진 것을 드러낼 이유가 없는 나이가 오면 무엇이 진짜였는지 알게 된다.

흘러간 시간, 잃어버린 건강, 떠나버린 가족. 뒤늦게 깨달아도 돌이킬 수 없는 것들이다. 왜 우리는 알면서도 늘 뒤늦은 후회를 하는 것일까?

에어컨보다 더 행복한 부채

옛날에는 부채만 있으면 무더운 여름철을 제법 견딜 수 있었다. 그러다가 언제부턴지 선풍기가 더위를 식혀 주게 되었고 얼마 지나지 않아 에어컨이 등장했다. 시원한 바람이 방안 전체를 휘감아 돌면서 쾌적하게 해 준다.

경제학에는 '한계효용 체감의 법칙'이라는 게 있다. 그것은 동일한 재화와 서비스를 소비하거나 향유하면서 느끼는 주관적인 만족도가 시간이 지날수록 점차 감소한다는 법칙이다. 그래서 사람들은 점점 더 자극적인 걸 원하게 된다. 사람들은 더 예뻐지기 위해 성형을 하고, 더 멋지게 보이기 위해 치장을 한다. 점점 더 부유해지기 원하고 더 풍족해지기 원한다. 그리고 그걸 행복이라고 믿고 싶어 한다. 하지만 소유함으로써 행복해질 수 있다고 믿는 건 서글픈 환상에 지나지 않는다.

우리가 사는 공간이 커질수록 서로에게서 멀어질 수밖에 없고, 우리가 즐기는 쾌락이 커질수록 허무감도 커지기 마련이다. 기대가 크면 실망도 큰 법이고 소유를 많이 하면 걱정도 많아지는 법이다. 그래서 욕심이 적을수록 행복해질 수 있고 소유하지 않을수록 더 행복해질 수 있다는 역설이 가능하다.

나는 물질적인 풍요로움보다 마음의 여유로움이 더 소중하고, 문명의 혜택을 즐기기보다 인간의 정취를 느끼는 게 더 소중하다고 생각한다. 그래서 우리가 사는 세상은 에어컨 바람보다 부채 바람을 맞을 때 더 살맛 나는 세상이어야 한다고 믿는다.

행복해지고 싶을 때 마음에 새기는 말

◆ 성공한 사람 곁에 있다고 성공하는 건 아니다. 하지만 행복한 사람 곁에 있으면 늘 행복해진다.

◆ 작은 차이가 큰 변화를 만들고, 작은 감사가 큰 행복을 만든다.

◆ 철새는 행복을 찾기 위해 떠나고, 텃새는 행복을 지키기 위해 남는다.

◆ 어린 시절 보물찾기하던 열정만 있다면, 어디선들 행복을 찾지 못하겠는가.

◆ 행복의 조건을 따르는 사람보다 행복의 조건을 바꾸는 사람이 되라.

◆ 최고가 되려고 하면 모두 불행해질 수 있지만, 최선을 다하면 모두 행복해질 수 있다.

삶에 품격을
더하는
라틴어 수업

_____ 9장

죽음을 기억하라
Memento mori(메멘토 모리)

'죽음을 기억하라', '누구나 죽는다는 사실을 잊지 말라'
는 의미다. 고대 로마에서 개선장군이 시가행진을 할 때 노예가 그의
뒤에서 큰소리로 외쳤다.

"전쟁에서 승리했다고 너무 우쭐대지 마라. 누구나 죽음을 피할 수
없다. 너도 언젠가는 죽을 것이다. 그러니 교만하지 말고 겸손한 자세
로 삶에 충실하라."

누구도 죽음을 피해 갈 수는 없다. 누구나 시한부 인생이다. 그렇기
에 인생이 한없이 소중하고, 그래서 더욱 치열하게 살아야 하는 게 아
닐까.

＊ 'memento'는 'memini(기억하고 있다)'의 2인칭 단수 미래 명령형이다. 라틴어로 '죽
음'은 'mors'다. 'mori'는 '죽다'라는 동사인데, 여기서는 '죽는 것', '죽는다는 것'처럼
부정사不定詞로 이해하면 될 것 같다.

지금을 즐겨라
Carpe diem(카르페 디엠)

'우리가 이야기를 나누는 동안에도 아까운 시간이 흘러가고 있나니.'

'오늘을 붙잡아라. 내일에 대한 섣부른 믿음은 할 수만 있다면 거두어라.'

고대 로마의 시인 호라티우스가 쓴 시 「오데즈Odes」에 나오는 구절이다. 영화《죽은 시인의 사회》에서 존 키팅 선생이 학생들에게 일러준 경구로도 유명하다. 이 시는 로마 황제 아우구스투스를 위한 헌시獻詩라고 한다.

'Carpe diem'은 '지금[오늘/현재]을 즐겨라[붙잡아라]'라는 뜻이다. 영어로는 'Seize the day', 'Enjoy the day'라고 할 수 있다.

영어 'Present'에는 '현재'라는 뜻도 있고, '선물'이라는 뜻도 있다.

✻ 'carpe'는 'carpo'의 2인칭 단수 현재 명령형이고, 'carpo'는 '따다', '뜯다', '즐기다', '누리다'라는 뜻이다. 'diem'은 'dies'의 단수 목적격인데, 'dies'는 '날', '하루', '요일,' 시간'의 의미다.

누구에게나 현재는 값진 선물이다. '황금'보다 '소금'보다 더 소중한 '지금'이다.

'오늘 우리가 헛되이 보낸 하루가 어제 죽은 이가 그토록 바라던 내일이다'라는 말이 있다. 오늘 우리가 살아가는 바로 이 순간이 너무나도 소중한 이유다. 그러니 오늘 하루도 감사하는 마음으로 열심히, 그리고 즐겁게 살아야 하지 않겠는가.

너의 운명을 사랑하라
Amor fati(아모르 파티)

'운명을 사랑하라, 이제부터 이것이 나의 사랑이 될지니!
Amor fati: das sei von nun an meine Liebe!'

'Amor fati'는 운명에 대한 사랑, 즉 운명애運命愛라는 뜻이다. 독일

＊ 'amor'는 '사랑'이라는 뜻의 남성형 명사다. 'fati'는 'fatus'의 남성 단수 2격이고, 'fatus'는 '운명'의 뜻을 가진 남성형 명사다.

의 철학자 니체가 쓴 『즐거운 학문』에 나오는 말이다. 니체는 자신의 운명을 긍정하고 사랑함으로써 인간이 한층 더 위대해지고 행복해질 수 있다고 믿었다. 운명은 필연적이기에 기꺼이 순응하고 적극적으로 포용해야 한다. 비록 그것이 고통과 시련을 수반한다고 할지라도 말이다.

니체는 『짜라투스트라는 이렇게 말했다』에서 영원회귀를 주장했다. 원형圓形의 틀 안에서 시간도 영원히 흐르고 인생도 영원히 되풀이된다는 것이다. 그렇다면 니체의 말처럼 내게 주어진 운명을 기꺼이 받아들이고, 지금 이 순간을 영원처럼 살아 보는 건 어떨까.

숨을 쉬는 한, 희망은 있다
Dum spiro spero(둠 스피로 스페로)

'숨을 쉬는 동안, 나는 희망한다'라는 뜻이다. 고대 로마의 정치가이자 철학자인 키케로가 한 말이다. 'Spero spera.'라는 말도 있다. '나는 희망한다. 그러니 너도 희망해라'라는 의미다. 'Dum vita est, spes es.'는 '생명이 있는 한, 희망은 있다'라는 뜻이다.

유대 혈통인 독일의 철학자 에른스트 블로흐는 나치의 박해를 피해 미국으로 망명했다. 그런데도 그는 저서 『희망의 원리』에서 '희망의 미학'을 예찬했다.

> "우리는 누구인가? 우리는 어디서 오는가? 우리는 어디로 가는가? 우리
> 는 무엇을 바라고 있는가? 무엇이 우리를 기다리고 있는가? (…) 중요
> 한 건 희망을 배우는 것이다."

미국의 소설가 마거릿 미첼은 남북전쟁을 소재로 『바람과 함께 사라지다』라는 소설을 집필했다. 이 작품에서 여주인공 스칼릿은 '내일은 내일의 태양이 떠오른다Tomorrow is another day'라고 말한다. 네덜란드의 철학자 스피노자는 '내일 지구의 종말이 온다 해도 나는 오늘 한 그루의 사과나무를 심겠다'라고 말한다.

폭력이나 불안, 공포에 저항할 수 있는 가장 강력한 무기는 희망이다. 밥을 먹거나 물을 마시지 않고도 며칠을 견뎌낼 수 있지만, 희망이 없으면 단 하루도 살 수 없다. 인간은 희망을 먹고 사는 존재이기

＊ 'dum'은 '하는 동안', '하는 한'이라는 뜻의 접속사다. 'spiro'는 '숨을 쉬다'라는 뜻을 지닌 자동사다. 'spero'는 '기대하다', '바라다', '희망하다'라는 뜻의 동사다. 'spera'는 'spero'의 1인칭 단수 현재 명령형이다. 'vita'는 '삶', '생존', '목숨', '생명' 등의 뜻을 지닌 여성형 명사다. 'spes'는 '희망', '기대'라는 뜻의 여성형 명사다. 'est'는 'sum'의 3인칭 단수 현재 직설법이다. 'sum'은 '있다', '존재한다'라는 뜻의 자동사다.

때문이다.

터널을 지나면 빛이 보이고, 밤이 지나면 어김없이 새벽이 온다. 나
는 안다. 내가 희망을 버리지 않으면, 희망도 결코 나를 버리지 않는
다는 사실을.

진정한 친구는 또 다른 내 자신이다
Verus amicus est alter idem(베루스[웨루스] 아미쿠
스 에스트 알테르 이뎀)

오스트리아의 정신분석학자인 지그문트 프로이트는 인
간의 정신세계를 세 영역으로 나누었다. 이드Id와 초자아Superego, 자아
Ego가 그것이다.

먼저 쾌락 원칙을 따르는 이드Id는 본능적인 욕구에 충실하다. 반면
에 도덕 원칙을 따르는 초자아Superego는 도덕이나 양심, 규범에 충실
하다. 그리고 현실 원칙을 따르는 자아Ego는 이드의 욕망과 초자아의
양심 사이에서 서로를 조정하고 중재한다.

페르소나Persona는 가면이나 배우, 역할, 배역, 등장인물 등을 뜻한다. 신분이나 지위를 의미하기도 한다. 인간이나 천사, 신 등도 페르소나로 불린다. 연극에서 배우가 쓰는 가면이 되기도 하고, 영화에서는 감독의 분신이 되기도 한다. 한마디로 페르소나는 '가면을 쓴 독립적인 인격체'라고 할 수 있다. 스위스의 정신분석학자인 카를 구스타프 융은 페르소나를 통해 자아가 주변 세계와 관계를 맺으며 원만한 사회활동을 영위할 수 있다고 말한다.

> **"적은 밖에 있는 것이 아니라 내 안에 있었다. 나는 내게 거추장스러운 것은 모두 없애 버렸다. 나를 극복하는 순간, 나는 칭기즈칸이 되었다."**

세계를 호령한 몽골제국의 황제 칭기즈칸의 말이다.
"진리는 밖에 있는 것이 아니라 내 안에 있다."
신라의 승려 원효가 깨달음을 얻은 뒤 한 말이다.
인생은 '진정한 자아'를 찾아가는 여정이다. 내가 자신을 온전하게 이해하고 신뢰하고 사랑할 수만 있다면 무엇을 더 바라겠는가.

✽ 'verus'는 '참된', '진실된', '진리의', '옳은', '진정한' 등의 뜻을 지닌 형용사다. 'amicus'는 '친구'라는 뜻의 명사이면서 '친구의', '친밀한', '친근한', '우호적인' 등의 뜻을 지닌 형용사이기도 하다. 'alter'는 '둘 중 하나', '다른 하나', '또 하나의'의 뜻을 가진 형용사다. 'idem'은 '같은', '동등한', '동일한'이라는 뜻이다.

무엇보다 해를 끼쳐서는 안 된다
Primum non nocere(프리뭄 논 노케레[노체레])

'무엇보다 해를 끼쳐서는 안 된다'라는 말은 한마디로 '무해성의 원칙'을 뜻한다. 내가 싫어하는 일을 남에게 해서도 안 되고, 내가 하기 싫은 일을 남에게 시켜서도 안 된다. 영어로는 'Non-maleficence'이다.

고대 그리스의 의학자 히포크라테스는 '의학의 아버지'다. 초기의 '히포크라테스 선서'에는 '해를 끼치는 행위를 삼가야 한다'는 구절이 들어 있었다고 한다. 생명윤리에서 가장 기본적인 가치철학이라고 할 수 있다. 시민사회의 보편적인 사회규범으로도 손색이 없다. '공공 무해성'이라는 개념도 있다. 공공의 이익에 도움이 되지는 않더라도 해가 되어서는 안 된다는 의미다.

선을 행하는 것도 중요하지만, 악을 행하지 않는 것도 중요하다. 그리고 진리를 말하는 것도 중요하지만, 거짓을 말하지 않는 것도 중요

✻ 'primus'는 '첫째의', '처음의', '존귀한', '중요한', '탁월한' 등의 뜻을 지닌 형용사다. 'non'은 부정의 뜻을 지닌 부사다. 'nocere'는 'noceo'의 2인칭 단수 현재 명령형이고, 'noceo'는 '해를 끼치다', '해롭다', '범죄하다' 등의 뜻을 지닌 동사다.

하다. 건강을 위해서는 몸에 좋은 음식을 먹는 것도 중요하지만, 몸에 나쁜 음식을 먹지 않는 것도 중요하다.

우리는 기꺼이 남을 돕는다. 봉사도 하고 기부도 하고 희생도 마다하지 않는다. 그런데 아쉽게도 남이 무엇을 싫어하는지, 남에게 무엇이 해가 되는지에 대해서는 너무 둔감한 게 아닌가 싶다.

말보다 행동이다
Acta non verba(악타 논 베르바[웨르바])

'말하지 말고 행동하라'는 뜻으로, 말과 행동의 일치를 강조하는 격언이다.

우리에게는 일치一致되어야 할 세 가지가 있다. 먼저 언행일치言行一致다. 말하는 것과 행하는 것이 달라서는 안 된다. 다음으로 지행일치知行一致다. 아는 것과 행하는 것이 같아야 한다. 그리고 마지막으로 신행일치信行一致다. 믿는 것과 행하는 것이 어긋나지 않아야 한다는 의미다.

세상에는 말과 행동이 다른 사람이 너무 많다. 말보다 행동이 앞서는 사람도 있고, 말만 번지르르하게 하는 사람도 있다. 말을 할 때는 신중하게 해야 하고, 자신이 한 말에 대해서는 책임질 줄 알아야 한다. 책임을 질 수 없는 말은 삼가는 게 당연하다.

소크라테스는 참된 진리란 그것을 실천함으로써 비로소 진정한 가치를 얻게 된다고 했다. 참인 줄 알면서도 행하지 않을 수 없다는 것이다.

중국 송나라의 유학자 주희朱熹는 '지知가 행行에 앞서지만, 오히려 행이 더 중요하다'고 했다. 행의 중요성을 강조하면서 지와 행을 함께 힘써야 한다는 '지행병진知行竝進'을 주장했다. 그는 앎과 행함이 서로 영향을 주고받으며 함께 발전해 나간다고도 했다. 명나라의 유학자 왕양명王陽明은 '앎은 행함의 시작이고, 행함은 앎의 완성'이라고 했다. 지와 행이 분리된 게 아니라 처음부터 합일되어 있다고도 했다.

주희의 지행론이 앎이 행함에 이르러야 한다는 당위성을 주장한 것이라면, 왕양명의 지행합일론은 앎과 행함의 근본적 통일성을 강조한 것이라고 할 수 있다. 말과 행동이 일치하는 사람이 신뢰할 수 있는 사람이고, 인생의 진리를 몸소 실천하는 사람이다.

✽ 'acta'는 'actum'의 복수형이고, 'actum'은 '행위', '행적', '사실' 등의 뜻을 지닌 중성형 명사다. 'non'은 '아니다', '없다'라는 뜻의 부사어다. 'verba'는 'verbum'의 복수형인데, 'verbum'은 '단어'. '말' 등의 뜻을 지닌 중성형 명사다.

길을 찾거나, 아니면 길을 만들겠다
Aut inveniam viam aut faciam(아우트 인베니암[이뉘니암] 비암[위암] 아우트 파키암[파치암])

세상에는 길이 참 많다. 먼저 기로岐路는 여러 갈래로 갈린 길이다. 갈림길이라고도 한다. 미로迷路는 어지럽게 갈라진 길이다. 한번 들어가면 다시 빠져나오기가 어렵다. 애로隘路는 좁고 험한 길이다. 어떤 일을 하는 데 장애가 되는 경우를 가리키기도 한다. 험로險路는 험한 길이다. 험난한 삶을 비유적으로 이르기도 한다.

지름길은 가깝게 질러가는 길이다. 첩경捷徑이라고도 한다. 에움길은 굽은 길 또는 에워서 돌아가는 길이고, 샛길은 사이에 난 길이다. 둘레길은 산이나 도시의 둘레를 도는 길이다.

중국 전국시대의 사상가인 장자는 '도행지이성道行之而成'이라고 했

❋ 'aut'는 '든지 아니면' '혹은', '또는', '그렇지 않으면'이라는 뜻의 접속사다. 'inveniam'은 'invenio'의 1인칭 단수 미래 능동 직설법, 혹은 1인칭 단수 현재 능동 가정법이다. 'invenio'는 '발견하다', '찾아내다', '만나다'라는 뜻의 타동사다. 'viam'은 'via'의 단수 목적격인데, 'via'는 '길', '도로', '경로', '규범'이라는 뜻의 여성형 명사다. 'faciam'은 'facio'의 1인칭 단수 미래 능동 직설법, 혹은 1인칭 단수 현재 능동 가정법이다. 'facio'는 '하다', '만들다', '짓다', '구축하다' 등의 뜻을 지닌 타동사다.

다. 길은 사람들이 그 위를 걸어 다님으로써 만들어진다는 뜻이다. 하늘이나 땅이나 처음부터 길이 있었던 건 아니다. 누군가가 첫발을 내디뎠고, 또 다른 누군가가 그 뒤를 따라 걸었기 때문에 길이 생겨난 것이다.

앞서 눈길을 걸으면, 뒤따르는 사람은 눈 위에 새겨진 발자국을 따라 걷게 된다. 그러기에 더욱 조심스럽게 발을 내디뎌야 한다.

> "그것은 한 인간에게는 작은 발걸음이지만, 인류에게는 거대한 도약입니다.
>
> That's one small step for (a) man, one giant leap for mankind."

인류 최초로 달에 첫발을 내디딘 미국의 우주비행사 닐 암스트롱이 한 말이다. 작은 발걸음이 쌓이고 쌓여 마침내 길이 만들어진다. 어느 길을 들어서더라도 그 길은 내가 가야 할 길이다. 그러니 기꺼이 당당하게 내 길을 걸어가야 하지 않겠는가.

진리는 나의 빛이다
Veritas lux mea(베리타스[웨리타스] 룩스 메아)

참된 이치. 참된 도리가 진리다. 진리는 모든 사람이 수용할 수 있는 보편타당한 법칙이나 사실이다. 명제가 사실에 정확하게 들어맞고 논리적으로 모순되지 않아야 진리라고 할 수 있다.

고대 그리스의 철학자 프로타고라스는 '인간은 만물의 척도'라고 했다. 그는 진리의 절대적인 기준을 부정하고 진리의 상대주의를 주장했다. 반면에 플라톤은 초월적인 이데아를 영원불변한 실재實在로 보았다. 19세기 후반에는 사고나 관념의 진리성이 검증을 통해 객관적으로 타당해야 한다는 실용주의가 대두되었다.

'신은 죽었다'고 선언한 독일의 철학자 니체는 진리에 대한 기존의 가치체계를 전면으로 부정하고 나섰다. 진리에는 여러 가지가 있다. 논리적인 진리도 있고, 실존적인 진리도 있고, 보편타당한 진리도 있고, 초월적인 진리도 있다.

✱ 'veritas'는 '진실', '사실', '현실'이라는 뜻의 여성형 명사. 'lux'는 '빛', '광채', '새벽'이라는 뜻을 지닌 여성형 명사. 'mea'는 'meus'의 여성 단수 주격이고, 'meus'는 '나의', '내 소유의', '나와 관계되는'이라는 뜻이다.

진리는 스스로 빛을 내는 발광체發光體다. 그 빛이 세상을 밝힌다. 빛이 있어야 어둠에서 자유로울 수 있다. 빛처럼 우리를 자유롭게 할 수 있는 그 무엇, 그것이 바로 진리다.

하나는 모두를 위해, 모두는 하나를 위해
Unus pro omnibus, omnes pro uno(우누스 프로 옴니부스, 옴네스 프로 우노)

예로부터 인간은 언제나 가족이나 집단, 공동체 안에서 생존해 왔다. 아리스토텔레스는 인간을 사회적인 동물로 규정했다. 그는 개인의 자아실현이 사회의 테두리 안에서 도덕적인 활동을 통해 가능하다고 했다. 물고기가 물을 떠나 살 수 없듯이 개인은 사회를 떠나서는 살 수 없다. 지극히 자명한 이치다.

'나'와 '너'가 모여 '우리'가 된다. 사회는 개인을 보호하는 안전망이고, 개인은 사회를 지탱하는 원동력이다. 그래서 개인과 사회는 대립하거나 상충하는 개념이 아니라 서로 보완하고 충족하는 개념이어야 한다.

하나와 모두의 조화. 개인의 자유의지와 사회의 질서유지가 조화를 이룰 수만 있다면, 이 세상은 안전하고 평화로운 지상낙원으로 변할 수 있지 않을까.

---

* 'pro'는 '앞에서', '앞으로', '위하여'라는 뜻의 전치사다. 'omnibus'는 'omnis'의 복수 여격이고, 'omnis'는 '모든', '전체의', '전부의'라는 뜻의 형용사다. 'omnes'는 'omnis'의 남성 복수형 명사다. 'uno'는 'unus'의 단수 여격이다.

다시 도전할 때 힘이 되는 말 III

◆ 빌어먹을 용기만 있으면, 벌어먹지 못할 일이 없다.

◆ 위기를 모면하기보다 위기를 극복하기 위해 애쓰는 것이 낫다.

◆ 최선을 다하지 않고 실패한 사람은 위로받을 자격이 없고, 최선을 다하지 않고 성공한 사람은 칭찬받을 자격이 없다.

◆ 이상향은 어디에도 없는 곳일 수도 있고, 어디에나 있는 곳일 수도 있다.

◆ 밑그림을 잘 그려야 큰 그림을 그릴 수 있다.

◆ 점과 점을 이으면 선이 되고, 순간과 순간을 이으면 영원이 된다.

◆ 하늘이 어둡다고 해가 사라진 건 아니다.

◆ 인생이란 굴속으로 빠져드는 게 아니라 잠시 터널을 지나는 것뿐이다.

◆ 현실을 부정하는 사람은 결코 현실을 바꿀 수 없다.

내가 살아 있다는 것
누군가를 사랑한다는 것
함께 꿈을 꾼다는 것.

모든 게 기적이다.

우리가 행하는 모든 예술은 견습에 불과하다.
위대한 예술이란 바로 우리의 인생이다.
M. C. 리처즈